看護師
訪問看護
ステーション
理学療法士
消防署
救急救命士
動物病院
獣医師
歯科
歯科医師
保健所
保健師
看護師
保育園
保育士
獣医師
臨床検査技師
助産院
医師
歯科医師
看護師
管理栄養士
介護福祉士
老人ホーム
社会福祉士

医療・福祉の仕事見る知るシリーズ

社会福祉士の一日

保育社
HOIKUSHA

はじめに

社会福祉士《しゃかいふくしし》の仕事って、どんなもの？

困りごとをかかえる人から相談を受け、援助《えんじょ》する仕事です

「福祉《ふくし》の仕事」と聞くと、介護《かいご》のイメージがあるかもしれませんが、社会福祉士《しゃかいふくしし》が行うのは介護《かいご》ではありません。生活上の困りごとをかかえる人や、その家族などから相談を受け、問題解決のために助言や情報提供をしたり、必要な福祉《ふくし》サービスをアレンジしたりする「相談援助《えんじょ》」が、社会福祉士《しゃかいふくしし》の仕事です。

相談者がかかえる問題は、身体上もしくは精神上の障がい、経済的な問題、介護《かいご》の問題などさまざまです。社会福祉士《しゃかいふくしし》は、電話や面談をしたり、あるいは直接家をたずねたり、地域を回ったりして一人ひとりの相談に耳を傾《かたむ》け、解決策を提案していきます。適切な福祉《ふくし》サービスが利用できるように支援《しえん》したり、地域の人びとやボランティアとつないだり、場合によっては、ほかの施設《しせつ》や機関、専門職とも連携《れんけい》したりして、相談者をサポートしていきます。

ソーシャルワーカーの国家資格。幅《はば》広《ひろ》い分野で活躍《かつやく》できるのも魅力《みりょく》

相談援助《えんじょ》を行う人たちのことを「ソーシャルワーカー」といいます。社会福祉《しゃかいふくし》士《し》は、ソーシャルワーカーの国家資格といってよいでしょう。この資格は1987年につくられましたが、じつは、資格がなくても、相談援助《えんじょ》業務を行うことはできます。ただ、資格を取得するために、勉強や実務経験を積んだ社会福祉《しゃかいふくし》士《し》は、さまざまな福祉《ふくし》制度に関する豊富な知識と、相談援助《えんじょ》の高いスキルをもっています。相談者に最適な援助《えんじょ》を行うことができる、福祉《ふくし》のエキスパートなのです。

日常生活に困っている人の相談援助《えんじょ》を行うため、社会福祉士《しゃかいふくしし》の活躍《かつやく》する場はさまざまです。地域の高齢者《こうれいしゃ》をサポートする地域包括支援《ほうかつしえん》センター、住民と協力して地域福祉《ふくし》の充実《じゅうじつ》をはかる社会福祉《ふくし》協議会、市区町村の相談所、福祉施設《ふくししせつ》、医療《いりょう》機関、学校、刑務所《けいむしょ》など、広範囲《こうはんい》にわたります。少子高齢化《こうれいか》が進む今、福祉《ふくし》サービスの重要性は高まっています。今後、社会福祉士《しゃかいふくしし》が求められる場所は、ますます増えていくでしょう。

目次

Part 1 社会福祉士《しゃかいふくしし》の一日を見て！ 知ろう！

インタビュー編 いろいろな場所で働く社会福祉士《しゃかいふくし》さん

Part 2 目指せ社会福祉士《しゃかいふくし》！ どうやったらなれるの？

※この本の内容や情報は、制作時点（2016年7月）のものであり、
今後変更が生じる可能性があります。

社会福祉士《しゃかいふくしし》の仕事場

社会福祉士《しゃかいふくしし》の仕事は、生活上の困りごとをかかえるあらゆる人びとが対象です。活躍《かつやく》の場はとても幅広《はばひろ》く、さまざまなところに広がっています。

地域包括支援《ほうかつしえん》センター

高齢者《こうれいしゃ》が住み慣れた場所で生活できるように支援《しえん》する機関で、社会福祉士《しゃかいふくしし》の配置が義務づけられています。ひとり暮らしの高齢者《こうれいしゃ》が孤立《こりつ》しないようにする見守り活動（16ページ）や、高齢者《こうれいしゃ》の権利を守るための支援《しえん》（19ページ）などを行います。

社会福祉《ふくし》協議会

都道府県や市区町村ごとに設置されている民間組織。地域住民の生活に関する相談援助《えんじょ》や福祉《ふくし》サービスの提供のほか、ボランティア活動や市民活動の支援《しえん》も行い、地域福《ふく》祉《し》の増進にとり組んでいます。

行政機関

福祉《ふくし》事務所や市区町村役場、児童相談所、刑務所《けいむしょ》などで働く社《しゃ》会《かい》福祉士《ふくしし》もいます。支援《しえん》内容はそれぞれ異なりますが、相談を受けてアドバイスや情報提供をするという点は共通しています。

病院（医療《いりょう》機関）

病院で働く社会福祉士《しゃかいふくしし》（医療《いりょう》ソーシャルワーカー）は、医療費《いりょうひ》の支《し》払《はらい》や退院後の生活などに関する患者《かんじゃ》さんからの相談に乗り、適切なサービスにつなぎます。

高齢者施設《こうれいしゃしせつ》・事業所

特別養護老人ホームなど入居して暮らす施設《しせつ》や、デイサービスセンターなど自宅から通って利用する施設《しせつ》があります。社《しゃ》会福祉士《かいふくしし》は、利用者さんや家族の相談援《えん》助《じょ》、施設《しせつ》の他職種との連携《れんけい》、病院など他《た》施設《しせつ》との連絡《れんらく》・調整をおもに行います。

障がい者施設《しせつ》・事業所

障がい者施設《しせつ》や事業所で働く社会福《しゃかいふく》祉士《しし》は、利用者さんや家族の相談援《えん》助《じょ》を行い、施設《しせつ》を出たあとに地域で生活が送れるよう、住居を探したり、新たなサービスを受ける支援《しえん》をしたりします。障がい福祉《ふくし》サービスの利用計画を作成することもあります。

学校

福祉《ふくし》と教育の知識をもった社会《しゃかい》福祉士《ふくしし》が、スクールソーシャルワーカーとして、いじめや不登校などの問題について、子どもや家族への相談援助《えんじょ》を行っています。

児童福祉施設《ふくししせつ》

障がいのある子どもや保護者のいない子どもなどが入所する施設《しせつ》があります。社会福祉士《しゃかいふくしし》は、施設《しせつ》で暮らす子どもたちが健全に成長できるよう、生活指導を行ったり、学校への連絡《れんらく》や保護者との面接を行ったりします。

退院後の生活が心配な
入院患者《かんじゃ》

介護《かいご》が必要になった
高齢者《こうれいしゃ》

社会福祉士《しゃかいふくしし》は どんなとき、どんな人を 支援《しえん》するの？

社会のさまざまな場所で、困りごとをかかえるあらゆる人びとの相談支援《しえん》を行う社会福祉士《しゃかいふくしし》。例えば、こんな人たちの相談に乗って、情報提供やアドバイスをしたり、福祉《ふくし》サービスへつないだりしている社会福祉士《しゃかいふくしし》がいます。

学校でいじめに
あっている子ども

子育てについて
相談できる人がいないお母さん

働きたいと思っている
障がい者

Part 1

社《しゃ》会《かい》福《ふく》祉《し》士《し》の一日を見て！ 知ろう！

地域包括《ほうかつ》支援《しえん》センターで働く社会福祉士《しゃかいふくしし》と
社会福祉《ふくし》協議会で働く社会福祉士《しゃかいふくしし》、
それぞれの一日に密着！

地域包括《ほうかつ》支援《しえん》センターで働く社会福祉士《しゃかいふくしし》の一日

取材に協力してくれた
社会福祉士《しゃかいふくしし》さん

坂口《さかぐち》 風子《ふうこ》さん（28歳《さい》）
足立区地域包括《ほうかつ》支援《しえん》センターさの
社会福祉士《しゃかいふくしし》

Q どうして社会福祉士《しゃかいふくしし》になったのですか？

大学時代、ボランティアサークルに所属していて、施設《しせつ》で暮らす高齢者《こうれいしゃ》や障がいをもつ子どもの親などと接する機会がありました。そこで福祉《ふくし》の仕事に興味をもち、同時に「専門的な知識や技術がないと、困っている人の力になるのは難しい」と実感。大学卒業後、アルバイトをしながら専門学校へ通い、社会福祉士《しゃかいふくしし》の資格をとりました。

Q 地域包括《ほうかつ》支援《しえん》センターって、どんなところ？

高齢者《こうれいしゃ》が住み慣れた地域で生活を継続《けいぞく》できるよう支援《しえん》する機関です。介護《かいご》についてだけでなく、健康や医療《いりょう》、住まいなど、生活に関するさまざまな悩《なや》みを聞き、高齢者《こうれいしゃ》とその家族を支援《しえん》します。介護《かいご》教室などの企《き》画《かく》・運営、ひとり暮らしの高齢者《こうれいしゃ》の見守り活動なども行っています。

ある一日のスケジュール

8:30 出勤、ミーティング
▼
9:00 電話や面談室での相談業務
▼
12:00 昼休み
▼
13:00 地域の見守り活動
▼
14:30 相談者の自宅を訪問
▼
16:00 地域連絡会《れんらくかい》に出席
▼
17:00 事務作業
▼
17:30 業務終了《しゅうりょう》

8:30 出勤、ミーティング

？ 朝いちばん最初にする仕事は?

おはようございます

朝、私服で出勤。

○○さんの退院後について、自宅での支援《しえん》をどうするかが課題になっています
ケアマネジャー
社会福祉士《しゃかいふくしし》
保健師
主任ケアマネジャー・社会福祉士《しゃかいふくしし》
看護師

高齢者《こうれいしゃ》の生活をサポートするために、介護《かいご》や福祉《ふくし》、医療《いりょう》の知識をいかして、スタッフ全員でよりよい支援《しえん》を話し合います。

担当しているケースについて、ほかのスタッフと意見交換《こうかん》

仕事場に着いたら、スタッフ用のTシャツなど動きやすい服装に着がえて、業務スタート。一日の初めには、スタッフ全員でミーティングを行います。会議やイベントなど、その日のスケジュールを確認《かくにん》したあと、それぞれが担当しているケースについて報告し、必要に応じてみんなで話し合います。

地域包括支援《ほうかつしえん》センターには社会福祉士《しゃかいふくしし》のほかに、保健医療《いりょう》の専門職である保健師や看護師、ケアマネジメント（※）の専門職であるケアマネジャー（介護支援《かいごしえん》専門員）がいます。各自の専門性を発揮《はっき》して、高齢者《こうれいしゃ》の相談に対するよりよい支援《しえん》を考えているのです。

情報共有は、担当者不在時の問い合わせに対応するためにも必要です。また、虐待《ぎゃくたい》など特に緊急性《きんきゅうせい》の高いケースについては、チームとして対応できるよう、しっかりと申し送りをしておかなければなりません。

※ケアマネジメント：介護《かいご》や福祉《ふくし》のさまざまなサービスを、必要とする人に合わせて組み合わせ、利用できるように結びつけること。

9:00

電話や面談室での相談業務

どんな相談を受けているの?

相談内容はパソコンに入力。だれからどんな相談を受けたか、相談時の会話の内容や、自分がどんな対応をしたかなど、要点をまとめて記録します。

生活のなかで困っているのは、どんなことですか?
外出が難しいなら、一度、自宅を訪問したほうがよいかな?

介護《かいご》保険や生活の不安など高齢者《こうれいしゃ》のさまざまな相談に対応

地域包括支援《ほうかつしえん》センターの電話や窓口には、高齢者《こうれいしゃ》やその家族などから、「介護《かいご》保険(※)の利用の仕方がわからない」「転倒《てんとう》して骨折し、買い物に行けなくなった」「高齢《こうれい》の親を引きとったけれど、物忘れがひどくなってきた」など、さまざまな相談が寄せられます。

そこで、相談者の話を聞き、必要な支援《しえん》やサービスが受けられるように調整するのが、地域包括支援《ほうかつしえん》センターの重要な仕事です。介護《かいご》保険制度についてわかりやすく説明することはもちろん、介護《かいご》保険以外で利用できるサービスを紹介《しょうかい》したり、地区サロンや地域の活動などの情報を提供したりして利用につなげ、相談者の生活を支援《しえん》します。

相談内容は、専用のソフトを使ってパソコンで記録し、次の相談につなげます。この記録は、スタッフ同士の情報共有にも役立てることができます。

※介護《かいご》保険:介護《かいご》が必要になった高齢者《こうれいしゃ》などが少ない負担で介護《かいご》サービスを受けられるよう、保険料や税金を財源としてサポートするしくみ。

相談を受けるとき、気をつけているのはどんなこと？

きょうはいかがされましたか？

窓口に相談者が来たときには、その場にいるスタッフが対応します。

認知症《にんちしょう》の母が、一人で外出して迷子になってしまうんです…
どんな支援《しえん》を提案しようかな？

プライバシーにも配慮《はいりょ》して、相談は面談室で個別に行います。相談に来た人が落ち着いて話せるよう、じっくりと話を聞きます。

相談者の話をていねいに聞き、最適な支援《しえん》を探します

相談者は最初、「どんな対応をされるのかな？」と緊張《きんちょう》しているものです。また、「なんとなく将来が不安」「とにかくいろいろ困っている」など、自分自身のかかえる問題が整理できていない人も多くいます。そのため、相談を受けたら、まずはじっくりと話を聞くところから始めます。そして、「～ということですね？」などと、ときおり確認《かくにん》をはさみながら、相談者が何に困っているのかを整理していきます。一生懸命《けんめい》話を聞いたり、必要な情報を提供したりしていくうちに、相談者も次第に信頼《しんらい》してくれるようになり、スムーズにコミュニケーションがとれるようになっていきます。

相談内容によっては、公的な制度では解決できないことがあるので、そのときは、ボランティアのサービスなど、別の形で支援《しえん》する方法はないか、柔軟《じゅうなん》に考えることも大切です。

13:00

地域の見守り活動

？ どうして見守り活動が必要なの？

A棟《とう》の◇◇さん、買い物に行けなくて困っていると聞いたよ

見守り活動は、地域の人たちとかかわりが深い民生委員といっしょに行うこともあります。

右肩《みぎかた》の調子があまりよくないのよ…

訪問先の高齢者《こうれいしゃ》とふだんから顔を合わせている民生委員がいっしょに訪問することで、安心して話をしてもらえます。

自宅を訪問して話を聞き、高齢者《こうれいしゃ》の孤立《こりつ》を防ぎます

自治体からの情報や、民生委員など地域住民の声をもとに、ひとり暮らしの高齢者《こうれいしゃ》や、認知症《にんちしょう》などで生活に支障がありそうな人の家を訪問するのが「見守り活動」です。この活動は、相談相手や話し相手がいなくて、高齢者《こうれいしゃ》が孤立《こりつ》してしまうのを防ぐことが最も大きな目的です。

訪問先ではまず、あいさつと自己紹介《しょうかい》。それから、「体調はいかがですか?」「近くにご家族は住んでいますか?」などと質問しながら話を聞きます。

最初は玄関先《げんかんさき》で話をしますが、本人から許可をもらって、部屋の中で話をすることもあります。部屋を見ることで生活のようすがわかり、支援《しえん》が必要かどうかの判断材料になるからです。状況《じょうきょう》がわかったら、必要に応じて介護《かいご》サービスなどを紹介《しょうかい》したり、定期的に訪問するようにしたりします。

COLUMN

民生委員って、何をする人？

困りごとをかかえる住民を助ける、地域の身近な相談相手。必要に応じて行政や専門機関との連携《れんけい》も

民生委員とは、地域住民の立場から、同じ地域に住む人の生活に関する相談を受け、支援《しえん》を行う人のことです。「児童委員」もかねていて、子育ての不安や妊娠中《にんしんちゅう》の心配ごとなどの相談にも乗っています。

民生委員には、地域の状況《じょうきょう》をよく知っていて、福祉《ふくし》活動に熱意がある人が選ばれ、厚生労働《こうせいろうどう》大臣からその役割を任されます。ボランティアとして活動するため、報酬《ほうしゅう》はありません。

活動としては、担当地域の高齢者《こうれいしゃ》や障がい者、ひとり親家庭などを訪問して生活状態を把握《はあく》したり、必要に応じて情報提供や行政との連絡《れんらく》調整などを行ったりします。また、登下校時の子どもへの声かけや、見守り活動をしている地域もあります。

民生委員は、地域包括支援《ほうかつしえん》センターをはじめとするさまざまな行政機関や、福《ふく》祉《し》サービスを提供する事業者などとも連《れん》携《けい》・協力し、地域住民が必要な支援《しえん》を受けられるようサポートします。役割には社会福祉士《しゃかいふくしし》と共通する部分もありますが、ボランティアである民生委員は住民にとってより身近な相談相手として、社会《しゃかい》福祉士《ふくしし》は相談援助《えんじょ》のプロとして、必要に応じて協力し合いながら地域の暮らしを支えています。

民生委員・児童委員のマーク

幸せのシンボル・四つ葉のクローバーの中に、民生委員の「み」と児童委員を表す双《ふた》葉《ば》を組み合わせて、平和のシンボル・ハトを形づくり、愛情と奉仕《ほうし》を表しています。

14:30

相談者の自宅を訪問

自宅を訪問して何をするの？

○○さん、こんにちは！
元気にしているかな？

デイサービスを利用してみてどうですか？

「靴《くつ》をはいて立ち上がるときに、手すりが役立っているよ」「デイサービスのマッサージが最高だった」などとうれしい感想がもらえるとほっとしますし、それが仕事のやりがいにもつながっています。

相談者の生活を見聞きして、支援《しえん》の課題を探《さぐ》ります

地域包括支援《ほうかつしえん》センターに来るのが難しい相談者や、生活のようすが気になる相談者などがいれば、自宅を訪問して、生活の不安や悩《なや》み、今後の希望などを聞き出し、解決策を話し合うこともあります。

この日、訪問したのは、病気のため腰《こし》やひざに痛みがある女性。「玄関《げんかん》の手すりを使ってみてどうですか?」「デイサービスは?」など、利用中のサービスがうまく活用されているかを確認《かくにん》します。そして、「入浴するときに不自由はないですか?」「買い物には困っていませんか?」などと具体例を出しながら、現在困っていることはないか、課題を探します。そのとき、体の具合や通院回数、服用中の薬などもチェックして、心身の状態によって生活に支障が出ていないか判断することも大切。そのため、社会福祉士《しゃかいふくしし》には、医療《いりょう》の知識もある程度必要です。

COLUMN

高齢者《こうれいしゃ》の権利を守るのも大切な仕事

判断能力の低下によって、お金をだましとられたり、人権、生活、健康が侵害《しんがい》されたりしないように支援《しえん》します

高齢者《こうれいしゃ》の中には、認知症《にんちしょう》などによって判断能力が低下している人もいます。その結果、ほしくもない商品を買わされたり、必要な福祉《ふくし》サービスが受けられなかったりして、本人の利益や財産が失われてしまう場合もあります。そこで社会福祉士《しゃかいふくしし》は、このような問題をかかえる高齢者《こうれいしゃ》を支援《しえん》し、本人の利益や財産が守れるようとりはからいます。

判断能力に不安がある人には、社会福祉《ふくし》協議会による「日常生活自立支援《しえん》事業」の利用をすすめ、日常的なお金の管理や、福祉《ふくし》サービスの利用手続きなどを援助《えんじょ》してもらえるようにします。自分で物ごとを判断することが難しくなっている人の場合は、その家族とも話し合い、「成年後見制度」を利用。親族や福祉《ふくし》・法律の専門家などが成年後見人となり、本人にかわって財産管理や契約《けいやく》手続きを行えるようにすることによって、高齢者《こうれいしゃ》をトラブルから守ります。

また、高齢者《こうれいしゃ》への虐待《ぎゃくたい》に対応することも、社会福祉士《しゃかいふくしし》にとってたいへん重要な仕事です。虐待《ぎゃくたい》が疑われる場合には、すみやかに情報を収集して事実確認《かくにん》。本人の安全が確保できないときは、自治体や警察とも連携《れんけい》して、高齢者《こうれいしゃ》を福祉施設《ふくししせつ》などに保護することもあります。

ほしくもない商品を
買わされた…
権利を守るため、
社会福祉士《しゃかいふくしし》が支援《しえん》!
福祉《ふくし》サービスの
手続きの仕方が
わからない…

16:00

地域連絡会《れんらくかい》に出席

大勢で会議をするのは何のため？

最近、何か気になっていることはありませんか？

地域連絡会《れんらくかい》は、地域住民から、そこに住んでいるからこそわかる、タイムリーで、細かな情報がもらえる大切な場所です。

困っている人を見のがさないよう地域住民と情報交換《こうかん》

地域の中で高齢者《こうれいしゃ》が孤立《こりつ》することなく安心して暮らせるようにするには、地域住民の協力が必要です。地域包括支援《ほうかつしえん》センターでは、高齢者《こうれいしゃ》のかかえる問題を早期発見するために、地域住民と連携《れんけい》して、見守り活動（16ページ）を行っています。地域全体で高齢者《こうれいしゃ》を見守り、支えていくとり組みの中心となっている民生委員やボランティアの人たち、行政の担当者などに定期的に集まってもらい、地域の課題について話し合うのが、地域連絡《れんらく》会《かい》です。

この日は、地域包括支援《ほうかつしえん》センターのスタッフが中心となって、担当エリアごとに、地域の高齢者《こうれいしゃ》について現在気になっていることを話し合いました。日によっては「高齢者《こうれいしゃ》をねらう悪質商法について」「介護《かいご》保険制度について」など、高齢者《こうれいしゃ》にかかわる問題をテーマに講義を行うこともあります。

COLUMN

さまざまな専門職とも連携《れんけい》

医師や看護師、保健師など他職種との連携《れんけい》や、周囲の社会福祉士《しゃかいふくしし》、ケアマネジャーとの協力も重要です

民生委員との連携《れんけい》のように、社会福祉《しゃかいふくし》士《し》の仕事は、ほかの職業や役割をもつ人との協力が欠かせません。例えば、医師との連携《れんけい》も重要です。足が不自由で病院に通えない人がいたら訪問診療《しんりょう》をお願いしたり、認知症《にんちしょう》を早期発見するために地域包括支援《ほうかつしえん》センターで行う「物忘れ相談」に協力してもらったりしています。そのほか、介護《かいご》保険サービス事業所、弁護士などの専門家の団体、社会福祉《ふくし》協議会、自治体の生活保護担当者や保健所の保健師など、担当する高齢者《こうれいしゃ》がかかえる問題によって、いろいろな職業の人と協力して解決策を提供しています。

また、職場内でも他職種との協力が必要です。地域包括支援《ほうかつしえん》センターには社会《しゃかい》福祉士《ふくしし》のほかに、保健師または看護師、ケアマネジャーがいるので、意見を聞きながら相談者への支援《しえん》を考えます。逆に、福祉《ふくし》に関する法律についてなど、アドバイスを求められることもあります。

相談者の自宅に訪問診療《しんりょう》している医師に、定期的に経過を聞き、必要な支援《しえん》がないか確認《かくにん》します。

相談者の支援《しえん》方法に迷ったときは、経験や知識が豊富で主任ケアマネジャーの資格ももつ上司に相談。

ある日の仕事

認知症《にんちしょう》カフェなどのイベント

どんなイベントを行っているの？

みんな楽しんでいるかな？
ほっとカフェ

ボランティアで参加しているハーモニカの先生の演奏に合わせて、みんなで歌謡曲《かようきょく》や童《どう》謡《よう》を歌います。

歌いたい歌があったらリクエストしてくださいね

イベントでは、参加している地域住民との交流も大切な仕事。

地域の人同士の情報交換《こうかん》や交流に役立つイベントを開催《かいさい》

地域包括支援《ほうかつしえん》センターでは、地域の人同士が交流できたり、介護《かいご》予防が学べたりするイベントの企画《きかく》・運営も行っています。「認知《にんち》症《しょう》カフェ」も、その一つ。認知症《にんちしょう》の人やその家族、地域の人が集まって、介護《かいご》の悩《なや》みを話し合い、情報交換《こうかん》したり、認知症《にんちしょう》に対する理解を深めたりするためのイベントです。認知《にんち》症《しょう》や介護《かいご》などに関する情報提供のほか、みんなで頭の体操やレクリエーションもします。地域包括支援《ほうかつしえん》センターのスタッフは、ボランティアスタッフとともにお茶の用意やプログラムの進行をするほか、参加者の話し相手になったり、率先《そっせん》してプログラムを楽しみ、盛り上げたりするのも役目。参加者同士が打ち解けやすい雰囲気《ふんいき》をつくります。

地域包括支援《ほうかつしえん》センターではこのほかにも、体操教室や介護《かいご》技術の勉強会、講演会など、さまざまなイベントを行っています。

17:30

業務終了《しゅうりょう》

? デスクワークもあるの?

明日はどんな
資料を持っていけば
よいかな?

おつかれさまでした!

相談者の自宅を訪問する前には、どんなことを話すか頭の中でシミュレーション。必要になりそうな資料、書類をあらかじめ準備しておきます。

書類作成、資料の準備などの事務作業は、ほかの仕事の合間に

相談業務や会議などの合間を見つけて、デスクワークも行います。その内容は、メールのチェックや返信、関係機関との電話連《れん》絡《らく》、介護《かいご》サービスに関する申請《しんせい》書類の作成などさまざま。訪問予定があれば、これまでの相談内容や家の場所を確認《かくにん》したり、持っていく資料を準備したりもします。

相談記録の作成も、さまざまな仕事の合間に済ませます。職員同士が正しい情報を共有するため、早めに記録することがだいじなので、日中に時間がとれなかった日は、残業する場合もあります。

すべての仕事が終わったら、翌日の予定を確認《かくにん》し、パソコンの電源をオフ。机の周りを片づけます。最後に事務所を出る人は、個人情報が書かれた書類が保存されている棚《たな》に忘れずにかぎをかけ、業務終了《しゅうりょう》です。

社会福祉協議会《ふくし》で働く社会福祉士《しゃかいふくしし》の一日

取材に協力してくれた
社会福祉士《しゃかいふくしし》さん

川村 まな美さん（27歳《さい》）

立川市社会福祉《ふくし》協議会
社会福祉士《しゃかいふくしし》（地域福祉《ふくし》コーディネーター）

Q どうして社会福祉士《しゃかいふくしし》になったのですか？

中学生のとき、障がい者施設《しせつ》でボランティアを体験したことがきっかけで福祉《ふくし》の仕事に興味をもち、福祉系《ふくしけい》高校へ進学し、介護《かいご》福祉士《ふくしし》の資格を取得。その後、「援助《えんじょ》が必要な人を地域全体で見ていくこと」にかかわりたいと思うようになり、大学へ進学して、社会福祉士《しゃかいふくしし》の資格をとりました。

Q 地域福祉《ふくし》コーディネーターって、どんな仕事？

地域住民の「公的な制度だけでは解決できない困りごと」に対して、解決策をいっしょに考える仕事です。生活の援助《えんじょ》が必要な人に地域のボランティアを紹介《しょうかい》したり、地域のサークル活動をサポートしたりと、困っている人と、力になってくれる地域の人やサービスをつなぐ「橋わたし役」をにない、だれもが住みやすい地域づくりを進めています。

ある一日のスケジュール

8:30	出勤、ミーティング
9:00	連絡《れんらく》調整、事務作業
10:00	市民サークルを訪問
12:00	昼休み
13:00	住民互助《ごじょ》組織の活動を訪問
15:00	障がいのある人たちの連絡会《れんらくかい》に参加
17:15	業務終了《しゅうりょう》

8:30 出勤、ミーティング

ミーティングではどんなことを話すの？

きょうも一日
がんばるぞ！

本日の予定は以上です。そのほか、何か報告することはありますか？
報告し忘れていることはないかな？
社会福祉士《しゃかいふくしし》
社会福祉士《しゃかいふくしし》・介護福祉士《かいごふくしし》
社会福祉士《しゃかいふくしし》・看護師・介護福祉士《かいごふくしし》・主任ケアマネジャー
社会福祉士《しゃかいふくしし》・介護福祉士《かいごふくしし》・ケアマネジャー

服装は、社会人としてはずかしくない格好であればOK。地域内を自転車で移動することも多いので、パンツスタイルが基本です。

ミーティングの目的は スケジュール確認《かくにん》と情報共有

朝、8時30分に職場である社会福祉《ふくし》協議会へ出勤。社会福祉《ふくし》協議会とは、ボランティアやサークルなどの市民活動を支援《しえん》したり、住民からの生活相談を受けつけたりして、地域の社会福祉《ふくし》活動を推進《すいしん》する団体です。社会福祉法《ふくしほう》という法律にもとづいて、都道府県ごと、市区町村ごとに設置されています。

朝の仕事は、まず同じ係のメンバーが集まって行うミーティングからスタート。「本日の午前中は、窓口での相談業務を担当します」「14時から、新しくできた〇〇サークルのようすを見学しに行く予定です」など一人ひとりが、その日一日のスケジュールを報告します。また、前日の会議の内容や、住民から寄せられた相談内容など、みんなで共有しておく必要のある情報を伝え合ったり、自分の担当する仕事についてメンバーの意見を聞いてみたりすることもあります。

9:00

連絡《れんらく》調整、事務作業

連絡《れんらく》調整って、何をするの？

次回のサークル活動を見学したいという人がいるんですけれど……
念のため、もう一度、場所と時間を確認《かくにん》しておこう

電話でやりとりをするときは、いつ、だれと、どんな会話をしたかを忘れないよう、メモをとりながら話します。

住民からの相談を解決するため、協力してくれる人や団体へ連絡《れんらく》

地域福祉《ふくし》コーディネーターのもとには、毎日多くの相談が寄せられます。「高齢《こうれい》になって、今後の生活が心配だけど、どこに相談したらよいかわからない」「子育てについて母親同士で相談できるグループをつくりたい」「地域の行事で、ボランティアで楽器演奏をしてくれる人を探している」など、その内容はさまざま。そこで欠かせないのが、連絡《れんらく》調整です。寄せられた相談に対応するため、相談者本人とのやりとりのほか、個人や団体、施設《しせつ》などへの問い合わせや依頼《いらい》もします。

例えば、「ほかの地域から転居してきたため話し相手がいない」という相談には、本人の趣味《しゅみ》に合った市民サークルなどを紹介《しょうかい》。興味がありそうなら、まずは活動のようすを見学できるよう、代表者に連絡《れんらく》をとって日程を調整します。必要に応じて、見学当日に同行することもあります。

昨日書ききれなかった
日報を記録して
おかなくちゃ

事務作業はたくさんあるの?

その日あったことを日報に記録しておけば、あとで仕事の経過を見直すことができ、ほかのメンバーとの情報共有にも役立ちます。

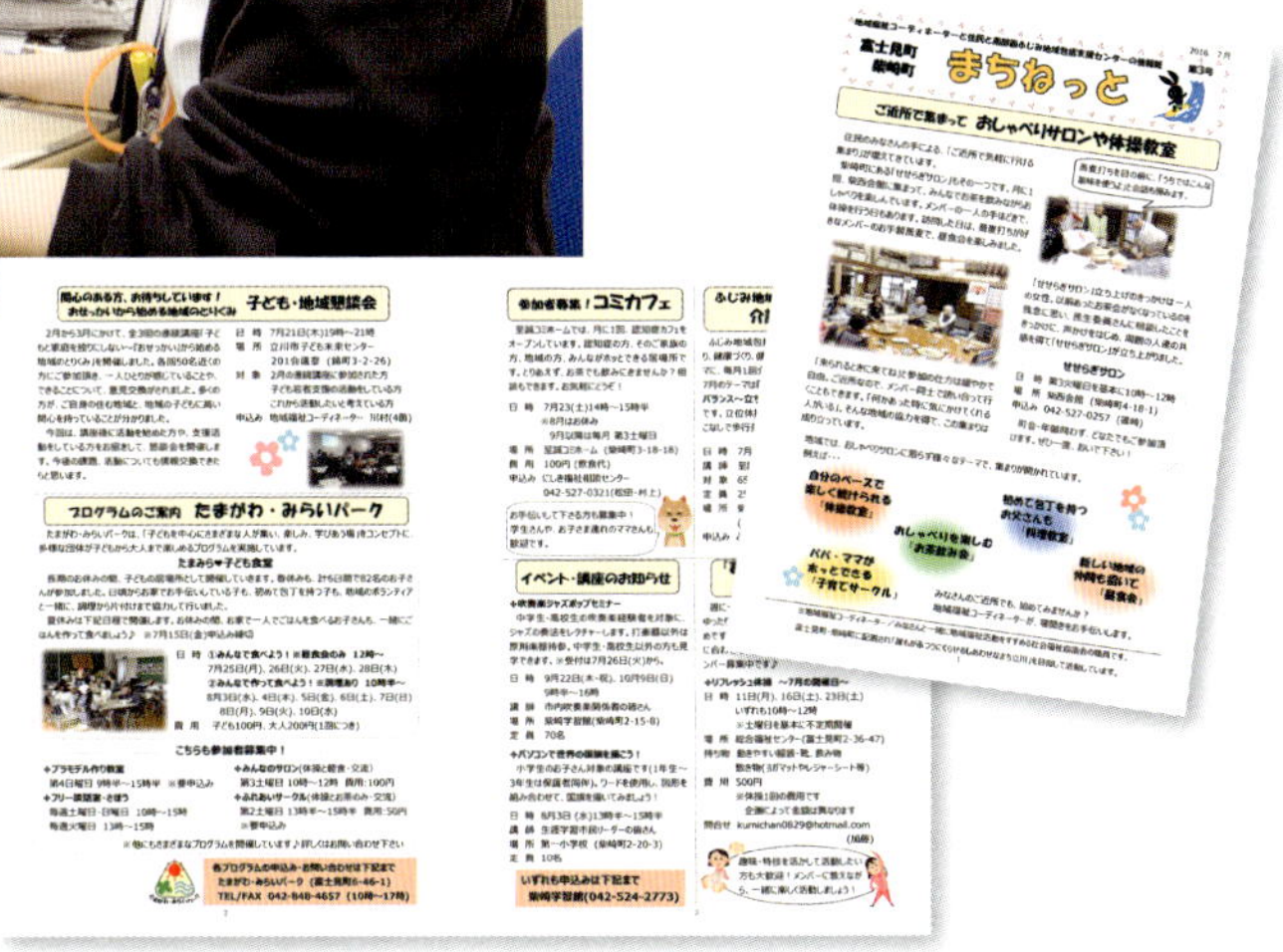
まちねっと
ご近所で集まって　おしゃべりサロンや体操教室
子ども・地域懇談会
たまがわ・みらいパーク
コミカフェ
イベント・講座のお知らせ

広報誌「まちねっと」は、地域ごとに担当の地域福祉《ふくし》コーディネーターが作成。各家庭や図書館などの公共施設《しせつ》に配布しています。

おもな事務作業は日報の記録や広報誌の作成など

机に向かって行う事務作業として、毎日必ず行うのが日報の作成です。空き時間を使って、「○月×日　Sさん　車いすの貸し出しについて相談」「担当部署に相談し、確保」というように、いつ、だれから、どんな相談を受け、どう対処したかをパソコンで記録します。そのほか、受信メールのチェックや返信、ほかの地域福祉《ふくし》コーディネーターとのスケジュール調整なども行います。

また、立川市社会福祉《ふくし》協議会の地域福祉《ふくし》コーディネーターは、年に4回、広報誌を発行しています。市民サークルのメンバー募集、地域のイベントの予定や報告など、地域の人たちに知らせたい内容をまとめ、パソコンで記事を作成します。見やすくわかりやすい誌面になるよう、イラストや写真を入れたり、文字の大きさを調整したりとくふうしています。

10:00

市民サークルを訪問

市民サークルってどんなもの?

サークル活動に参加すると、活動状況《じょうきょう》を確認《かくにん》できるだけでなく、地域の人たちに顔を知ってもらうこともできます。

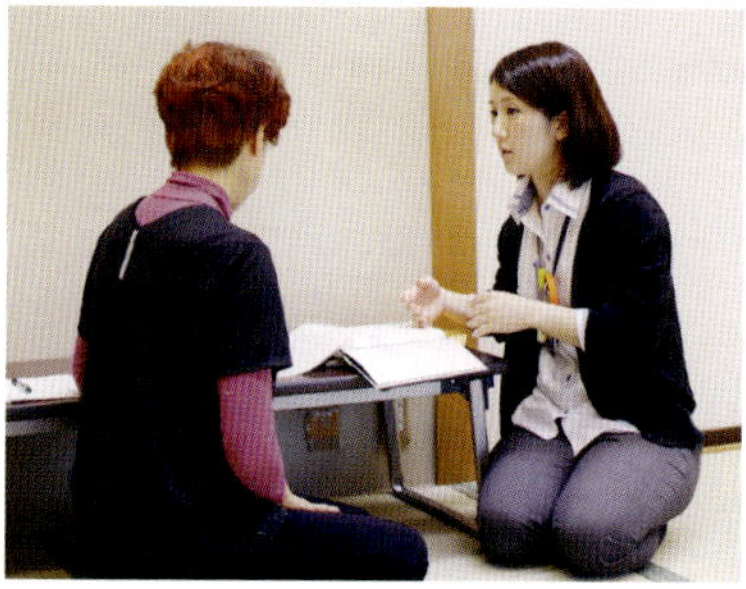

会場は、今の場所で問題ないですか?

講師の先生とも話をして、何かサポートできることはないか確認《かくにん》します。

地域住民がつくる集まりの立ち上げや運営をサポートします

市民サークルは、地域住民がつくる、共通の趣味《しゅみ》や関心をもつ人たちの集まりです。体操や書道、手芸の会や、高齢者《こうれいしゃ》同士、母親同士が集まっておしゃべりできる会など、さまざまな内容の市民サークルがあります。地域福祉《ふくし》コーディネーターは、こうした市民サークルの立ち上げや運営をサポートします。具体的には、活動場所や講師の確保、メンバー募集、助成金の紹介《しょうかい》などを行います。

この日は、立ち上げの際に講師の紹介《しょうかい》などを手伝った体操サークルを訪問。活動状《じょう》況《きょう》を見学して、「メンバーを増やしたい」「会場を変更《へんこう》したい」などの要望がないか、参加者や講師から話を聞きます。ただし、コーディネーターはあくまでもサポーターで、主役は市民。できるだけサークル参加者の力で運営できるよう、可能な範囲《はんい》で参加者に役割をになってもらうことが大切です。

COLUMN

市民活動のサポートが大切な理由

孤立《こりつ》しがちな住民の居場所づくりになるとともに、地域の人材を見つけるためにも役立ちます

市民サークル活動やボランティア活動などの市民活動は、参加する人の楽しみ、やりがいになるだけでなく、人と人とのつながりづくりにもなります。ひとり暮らしの高齢者《こうれいしゃ》や、出産したばかりのお母さんなど、孤立《こりつ》しがちな地域住民の助けになるのです。地域に知り合いができれば、災害時や何か困ったことが起こったとき、住民同士で助け合うこともできます。市民活動が活発になることは、地域に暮らす人たちの安心・安全につながるのです。

また、市民活動のサポートを行うことで、地域福祉《ふくし》コーディネーターと地域の人たちの間にもつながりができます。地域の人たちと顔見知りになれば、今度は地域住民の困りごとを解決するときに、その人たちに協力を依頼《いらい》することもできるようになります。

例えば、小さい子どもをもつ人からの相談で子育てボランティアが必要になったときに、子育ての先輩《せんぱい》である高齢者《こうれいしゃ》サークルの参加者に力を借りることもできるでしょう。市民活動のサポートは、地域の人たちのための人材発掘《はっくつ》にも役立っているのです。

あの体操サークルの△△さんが
協力してくれるかも…

子育て
ボランティアを
お願いしたいんです

地域の人材を把握《はあく》しておくことで、
必要なときに協力を依頼《いらい》できる!

13:00

住民互助《ごじょ》組織の活動を訪問

住民互助《ごじょ》組織ってどんなもの?

最近、何かかわったことはありませんか?

団地の住民が運営している住民互助《ごじょ》組織を訪問。楽しくおしゃべりしながら、最近の活動内容や、課題などを聞かせてもらいます。

絵手紙サークルの活動内容を見学。

住民同士の助け合い組織では、その活動にもかかわります

住民互助《ごじょ》組織とは、同じ区域に住む人たちが、住みやすい環境《かんきょう》をつくるために活動する団体のことで、町内会や自治会なども住民互助《ごじょ》組織です。最近増えているのは、団地内の互助《ごじょ》組織。子どもが成人して家を出たり、夫婦のどちらかが先に亡《な》くなったりして、高《こう》齢者《れいしゃ》がひとり暮らしをしている世帯が多いため、住民同士の助け合いが大切なのです。

この団地では、みんなが集まる談話室を設置したり、コーラスや絵手紙などのサークル活動や、生活の小さな困りごとを手伝うボランティア活動を行ったりしています。

地域福祉《ふくし》コーディネーターは、こういった住民互助《ごじょ》組織の立ち上げや運営にもかかわります。ときどき集まりに顔を出して、補助金の紹介《しょうかい》や新しい活動の提案をしたり、ほかの地域での住民互助《ごじょ》組織の活動にいかせるよう情報収集を行ったりしています。

COLUMN

地域に住む人たちのネットワークをつくる

地域の人たちの力を借りて個別の問題を解決することは、住みやすい地域づくりにもつながっていきます

地域の人の困りごとについて解決策を考える際、地域福祉《ふくし》コーディネーターが大切にしているのが、同じ地域の人たちの力を借りるということ。そうすることで、問題を解決すると同時に、地域に住む人たちのネットワークをつくっています。

例えば、30ページで紹介《しょうかい》した団地内の住民互助《ごじょ》組織では、高齢者《こうれいしゃ》の孤立《こりつ》を防ぐための一つの策として、近くの小学校に通う子どもたちによる「ごみ出しボランティア」を実施《じっし》しています。ボランティアを希望する子どもが、ひとり暮らしの高《こう》齢者《れいしゃ》の家を回ってごみ捨てを代行。高齢《こうれい》者《しゃ》にとっては、ごみ出しの負担が減るばかりでなく、子どもたちとのふれ合いによって、気持ちが明るくなります。「朝、子どもたちがたずねてくるから、身なりを整えるようになった」という声も聞かれます。また、ボランティアを通して知り合った子どもたちと高齢者《こうれいしゃ》が、日ごろから声をかけ合うようになり、子どもが安全に暮らせる環境《かんきょう》づくりにもつながっています。

このように、地域福祉《ふくし》コーディネーターは、地域に住む人と人をつなぎ、住みやすい地域づくりに役立てているのです。

地域の小学生によるごみ出しボランティア →

- 高齢者《こうれいしゃ》の生活の負担を減らし、孤立《こりつ》を防ぐ
- 地域で子どもを見守る目が増え、安全に暮らせる環境《かんきょう》に

15:00

障がいのある人たちの連絡会《れんらくかい》に参加

？ どんなことを話し合うの？

商店街の○○さんにも協力してもらうといいかも…
今年の町歩きはトイレに注目してみませんか？

立川市には、「障がいのある人もない人も暮らしやすい立川を考える会」という連絡会《れんらくかい》があり、地区ごとに2か月に1回のペースで地域懇談会《こんだんかい》を開催《かいさい》しています。

まずは北口の駅ビルを下見しましょう

連絡会《れんらくかい》では、いろいろな視点からの意見が出ます。社会福祉士《しゃかいふくしし》にとっては、障がいのある人の要望を知る貴重な機会です。

障がいのある当事者の目線で地域課題を話し合います

障がいのある人を地域の人びととつなぎ、地域で安心して暮らせるようにすることも、地域福祉《ふくし》コーディネーターとして働く社会《しゃかい》福祉士《ふくしし》の大切な役割の一つ。障がいのある人たちを支援《しえん》し、ときに連携《れんけい》しています。

地域には、障がいの種類によってさまざまな当事者団体や支援者《しえんしゃ》グループがあります。立川市には、各団体が障がいの種類を超《こ》えて協力して活動するための連絡会《れんらくかい》があります。

連絡会《れんらくかい》では、地区ごとに定期的な地域懇《こん》談会《だんかい》を開催《かいさい》し、障がいのある人の目線で地域課題を話し合ったり、イベントを企画《きかく》したりしています。地域福祉《ふくし》コーディネーターも話し合いに参加。「町歩きは商店街の○○さんにも協力してもらってはどうでしょう？」「今後、災害時の避難所《ひなんじょ》運営について地区で話し合う場に、みなさんも参加していきませんか？」など、外部との連携《れんけい》も提案します。

？ 具体的には どんなイベントを 企画《きかく》しているの？

映画上映会では、上映後に交流会を行い、映画の感想を語り合うことで、おたがいの理解を深めたり、地域の課題を共有したりします。

いざというときに
役立つものを
覚えておきましょう

民生委員と障がいのある当事者がいっしょに町を歩くことで、地域での困りごとに対する理解を深める「町歩き」のようす。地域福祉《ふくし》コーディネーターも参加しました。町歩きには、テーマに合わせていろいろな人に参加してもらいます。

障がいへの理解を深め、交流をうながすイベントを企画《きかく》

立川市では、この連絡会《れんらくかい》が地区ごとに開催《かいさい》するイベントが年に何回かあります。イベントを実施《じっし》する目的は、障がいに対する理解をうながすこと。そして、だれもが暮らしやすい地域づくりを、住民が主体となって進められるようにすることです。地域にはさまざまな種類の障がいをもつ人が暮らしているということや、それぞれの障がいの内容、困りごとなどを、イベントを通して参加者に知ってもらうことを目指して、内容を企画《きかく》します。

例えば、ある年に実施《じっし》した映画上映会では、東日本大震災《だいしんさい》で被災した障がい者のドキュメンタリー映画をとり上げ、災害時、障がい者にはどんなサポートが必要なのかをみんなで考えるきっかけを提供しました。上映会にはだれでも参加でき、上映後に参加者同士が自由に話し合えるよう、交流会も行いました。

ある日の仕事

学習館の運営協議会に出席

？ 公共施設《しせつ》の運営にもかかわっているの？

この講座は、親子での参加もOKです
子育て仲間がほしいと言っていたあの人にお知らせしよう…

学習館のスタッフのほか、学習館を拠点《きょてん》に文化活動を行う市民サークルの代表者や、教育職の経験者などが意見を交換《こうかん》。地域福祉《ふくし》コーディネーターは、困りごとをかかえる市民の立場から意見を述べます。

先日、社会福祉《ふくし》協議会で開催《かいさい》した講座の参加者から、こんな意見が上がったのですが…
川村 まな美

地域住民の要望や地域課題を、学習館の運営にも反映

立川市では、市が設置している公民館のことを「学習館」といいます。学習館は、地域住民の生涯《しょうがい》学習（※）や交流の場としてさまざまなイベントを行うほか、市民サークルの活動場所としても使われる施設《しせつ》です。

学習館の運営協議会では、利用者である地域住民や学習館のスタッフなどが集まり、学習館の利用方法やイベントの内容について話し合います。地域福祉《ふくし》コーディネーターである社会福祉士《しゃかいふくしし》も、この会議に参加。業務の中で拾い上げた地域住民の声や地域課題を、運営協議会の参加者と共有し、学習館の運営につなげていきます。

例えば、働く子育て世代から上がっている、「夜間も子どもが安心して過ごせる場所がほしい」という声については、学習館が夜も開館していることから、この場をいかしてできることはないかと問いかけます。

※生涯学習《しょうがいがくしゅう》：学校教育だけでなく、社会教育や文化活動、ボランティア活動、趣味《しゅみ》などもふくめた、人びとが一生の間に行うあらゆる学習。

17:15

業務終了《しゅうりょう》

一日の終わりには何をするの?

明日、やらなければいけないことは…

次の日の予定を書きこみながら、頭の中で仕事の進め方を確《かく》認《にん》します。

おつかれさまでした！

日中は外出していることが多いため、朝、または業務終了前《しゅうりょうまえ》に、上司に仕事の相談や報告をします。

翌日の予定を予定表に記入。上司に仕事の相談をすることも

一日の仕事の最後には、必ず次の日のスケジュールを確認《かくにん》し、事務所の壁《かべ》に設置されている予定表に書きこみます。また、パソコンを使って、インターネット上のカレンダーにも予定を入力し、別々の場所で働く地域福《ふく》祉《し》コーディネーターたちが、おたがいの予定を把握《はあく》できるようにしておきます。メールや電話をしたり、住民からの相談で、どのように対応すればよいか迷っていることについて、上司や同僚《どうりょう》に相談したりもします。

すべての仕事がスムーズに片づけば、17時15分に業務終了《しゅうりょう》です。ただ、平日の昼間は働いている地域住民も多いので、夜遅《おそ》い時間や休日に会議や打ち合わせ、イベントなどの予定が入ることも少なくありません。そういう場合は、出勤時刻を遅《おく》らせたり、別の日に休みをとったりして、勤務時間を調整し、対応しています。

INTERVIEW 1

病院で働く 社会福祉士《しゃかいふくしし》

稲葉《いなば》 政人《まさひと》さん
公立豊岡《とよおか》病院組合立朝来《あさご》医療《いりょう》センター
診療部《しんりょうぶ》 地域医療連携室《いりょうれんけいしつ》
社会福祉士《しゃかいふくしし》（医療《いりょう》ソーシャルワーカー）

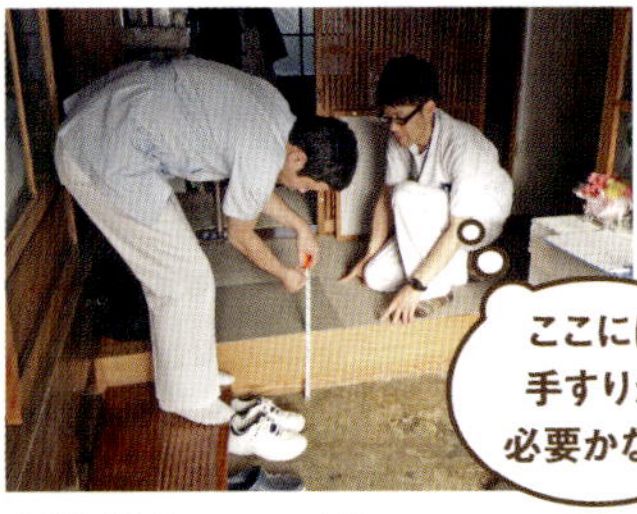
ここには
手すりが
必要かな…

理学療法士《りがくりょうほうし》とともに患者《かんじゃ》さんの自宅へ行き、退院後の生活環境《かんきょう》を調査。必要な設備の設置に、どんな制度が利用できるのかも考えます。

そろそろ
退院の許可が
出そうです
患者《かんじゃ》さんの
状態は安定して
いますか？

入院中の患者《かんじゃ》さんの状態について、看護師と情報を共有。また、患者《かんじゃ》さん本人や家族の希望を、医師などの医療職《いりょうしょく》に伝えるのも大切な役目です。

退院後の
生活で不安な点は
ありますか？

入院中や退院後の生活を安心して送れるように、医療《いりょう》保険、介護《かいご》保険などの利用についても相談に乗ります。不安を感じている人が多いので、説明はわかりやすくていねいに。

Q1 どんな仕事をしているのですか?

病気やケガを患《わずら》うと、仕事に支障が出たり、医療費《いりょうひ》がかかったりと、患者《かんじゃ》さんにはさまざまな不都合が生じます。こうした問題について、患者《かんじゃ》さん本人や家族の気持ち、生活課題などを整理し、病院内の人たちや関係機関などとも連《れん》携《けい》して、具体的な対応をいっしょに考えます。例えば、在宅サービスの利用、転院、施設《しせつ》入所の調整、医療費《いりょうひ》や生活費の制度利用、家族や友人、地域住民とのつながり支援《しえん》、行政機関との調整などです。こうした個別支援《しえん》と同時に、行政と共同で、地域での医療《いりょう》・介護連《かいごれん》携《けい》*のしくみづくりなども行っています。

Q2 おもしろいところややりがいは?

医療《いりょう》ソーシャルワーカーの仕事は患者《かんじゃ》さんの「その人らしい生活」の実現であり、生活や人生の決断への支援《しえん》です。患者《かんじゃ》さんが大切にしたいものを共有し、そのうえでどのように生活していくかをともに考えた結果、大切な決断をする場面では、その人の「生きる力」を肌《はだ》で感じることができます。患者《かんじゃ》さんがこれまでの人生でつちかったさまざまな「生きる力」は、複雑な生活課題の解決につながります。人が困難を乗り越《こ》えようとする姿に間近でふれられることは、この仕事のやりがいだと言えます。

Q3 なぜこの仕事に就《つ》いたのですか?

大学生のときにボランティアを経験し、いつか福祉《ふくし》の仕事がしたいと思っていましたが、大学卒業後は銀行に就職。その後、取引先社長の「入院時、退院後の生活について係の人が親身に相談に乗ってくれてうれしかった」という話などをきっかけに、社会福祉士《しゃかいふくしし》を目指すことに。実習先の病院で、いきいきと患者《かんじゃ》さんの支援《しえん》にあたる先輩《せんぱい》たちの背中を見て、この仕事がしたいと強く思いました。社会福祉士《しゃかいふくしし》が活躍《かつやく》するさまざまな領域の中でも、子どもから高齢者《こうれいしゃ》まで幅広《はばひろ》い年齢層《ねんれいそう》を対象に専門性を発揮《はっき》できる医療《いりょう》の分野に特にひかれました。

地域での医療《いりょう》・介護連携《かいごれんけい》はなぜ必要なの?

今後ますます高齢化《こうれいか》が進む日本では、医療《いりょう》機関や介護施設《かいごしせつ》に入院・入所して受ける医療《いりょう》や介護《かいご》と同等のケアを、自宅で生活しながら受けられるようにして、高齢者《こうれいしゃ》が人生の終わりまで地域で安心して暮らせるようなしくみを整えていく必要があります。そのために、地域の医療《いりょう》機関と介護施設《かいごしせつ》や関連事業者が、密接に連携《れんけい》していかなければならないのです。

INTERVIEW 2

学校で働く社会福祉士《しゃかいふくしし》

芦田《あしだ》 正博《まさひろ》さん
神奈川県《かながわけん》教育委員会・
横須賀市《よこすかし》教育委員会・鎌倉市《かまくらし》教育委員会
社会福祉士《しゃかいふくしし》（スクールソーシャルワーカー）

スクールソーシャルワーカーやスクールカウンセラーなどがいっしょに、学校内の事例について、心理学の専門家を招いて相談しています。

中1の〇〇くんの
現状について
ご報告いたします

〇〇くん、先週は
元気がなかったけど、
だいじょうぶかな？
〇〇くんの最近の
状況《じょうきょう》について教えて
いただけますか？

関係機関との情報交換《こうかん》やさまざまな連絡《れんらく》には、おもに電話を使います。このほか、直接話を聞くために、家庭や関係機関を訪問することも少なくありません。

お子さんのようすは
いかがですか？
お子さん、
家で笑顔が出て
いたらいいな

保護者との面談では、子どものことだけでなく、各家庭がかかえるさまざまな問題について相談に乗ります。

Q1 どんな仕事をしているのですか？

スクールソーシャルワーカーとして、公立の義務教育の学校（小中学校）に通学する子どもたちのうち、学校や家庭、地域で「生きづらさ」を感じている子どもや、保護者、先生がたからの相談を受けています。相談されたさまざまな課題にとり組むために、教育や福祉《ふくし》・医療《いりょう》などの関係機関とも協力しながら、相談者が自ら課題にとり組んでいけるよう「後方支援《しえん》」をする仕事です。同様に子どもたちの相談に乗る仕事であるスクールカウンセラーが心のケアをするのに対し、スクールソーシャルワーカーは周囲の環《かん》境《きょう》に働きかけて問題解決をはかります。

Q2 おもしろいところややりがいは？

私がかかわる子どもたちの中には、虐待《ぎゃくたい》を受けている子も少なくありませんし、貧困という課題をかかえている子どもたちや保護者も多くいます。正直、とても厳しい仕事です。でも何より、子どもたちにかかわるということは、その子たちの成長を見ることができるのです。厳しい環境《かんきょう》のなかで懸命《けんめい》に生活してきた子どもたちが、義務教育を終えて進学し、数年後、何らかの形で「がんばっているよ」という消息を知らせてくれたときには、大変だったこともすべて忘れてしまうほどうれしく思います。

Q3 なぜこの仕事に就《つ》いたのですか？

高校卒業後は就職するつもりでしたが、希望する職種の採用がまったくなかったため、学費が安いという理由で受験したのが福祉系《ふくしけい》の大学でした。当初は福祉《ふくし》の勉強にはあまり興味がなかったのですが、実習先の児童相談所＊の児童福祉司《ふくしし》＊さんたちが本当にすてきで、「こんな仕事がしたい」と思い、福祉《ふくし》の仕事をするために公務員になりました。その後、公務員を退職して大学院に入り、卒業時に社会福祉士《しゃかいふくしし》国家試験に合格。教育委員会のスクールソーシャルワーカー募集《ぼしゅう》のお知らせを見て応募《おうぼ》し、今の仕事に就《つ》きました。

児童相談所

18歳《さい》未満の子どもに関するさまざまな相談を受け、問題解決のために子どもや保護者に対して指導、援助《えんじょ》などを行う専門の相談機関。

児童福祉司《ふくしし》

児童相談所に置かれる専門職員。所定の養成施設《しせつ》を卒業した人、知事の指定する講習会を修了《しゅうりょう》した人、医師、社会福祉士《しゃかいふくしし》などが児童福祉司《ふくしし》を務めることができる。親子との面接、家庭訪問、関係機関との連絡《れんらく》調整などの業務を行う。

INTERVIEW 3

障がい者相談支援《しえん》事業所*で働く社会福祉士《しゃかいふくしし》

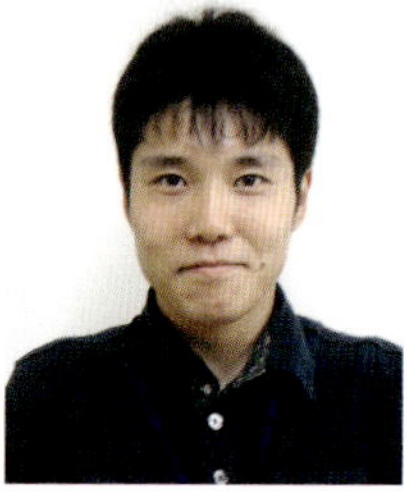

田中《たなか》 潤《じゅん》さん

相談支援《しえん》事業所 サンシティひらつか
社会福祉士《しゃかいふくしし》

自分が担当している人について、障がい者支援施設《しえんしせつ》での最近のようすを聞いたり、今後どのような支援《しえん》をしていくかを話し合ったりする会議を行っています。

最近の○○さんのようすはいかがですか？
体調をくずすことなく、元気に過ごされていますよ

私たちは、障がい者の日中の活動をサポートする「地域活動支援《しえん》センター」も運営しており、さまざまなイベントも開催《かいさい》しています。写真は熱海《あたみ》の梅林見学のようすです。

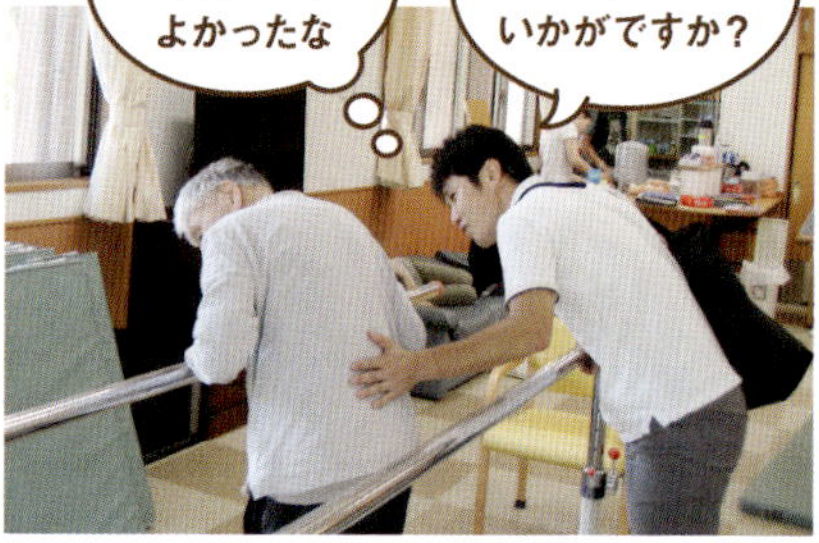
変わらず、元気そうでよかったな
○○さん、体の調子はいかがですか？

相談を受けたり、会議に出席したりするだけでなく、施設《しせつ》や自宅に出向き、本人と会って話すこと、実際の活動状況《じょうきょう》を見ることも大切にしています。

Q1 どんな仕事をしているのですか?

おもに知的障がいのある人を対象とした相談支援《しえん》を行っています。市内に住所がある人に対してサービス等利用計画*を立てたり、定期的に本人やその家族と会って、本人のようすや家族の悩《なや》みなどを聞いたりしています。知的障がいのある人は、自分の言葉で希望や思いを伝えられない場合が多く、支援《しえん》に必要な情報を得ることが難しいのですが、本人の仕草、家族や施設《しせつ》職員の話などから本人のニーズを探《さぐ》り、支援策《しえんさく》を考えていきます。そのほかに、福祉《ふくし》サービスの利用を希望する人からの相談にも応じています。

Q2 おもしろいところややりがいは?

支援《しえん》を行う際は、まず本人のニーズや希望を知ることから始めます。家族の希望も大切ですが、いちばん大切なのは本人の希望や思いにそった支援《しえん》を行うことだからです。ただ、家族や施設《しせつ》職員など周囲の人から話を聞くと、どうしても本人の希望や思いからずれてしまいがちです。本人の思いを第一に支援《しえん》を行うことは難しいですが、同時にやりがいも感じます。適切な支援《しえん》が提供でき、本人や家族から「ありがとう」と言ってもらえるととてもうれしく、自信にもつながります。

Q3 なぜこの仕事に就《つ》いたのですか?

高校生のときに職場体験で老人ホームを訪問し、自分の祖父と同じくらいの年齢の人が介護《かいご》を受けながら暮らすようすを見て、「こういう人たちを助ける仕事がしたい」という思いが芽生え、福祉《ふくし》に関心をもつようになりました。自分なりに福祉《ふくし》について調べ、福祉《ふくし》には“介護《かいご》”以外にも“相談”という支援《しえん》の形があることを知り、社会福祉士《しゃかいふくしし》を目指すことを決めました。専門学校の実習では高齢者施設《こうれいしゃしせつ》、アルバイトでは児童福祉施設《ふくししせつ》の仕事を経験しましたが、経験したことのない障がい者福祉《ふくし》の分野で働きたいと思い、現在の仕事を選びました。

障がい者相談支援《しえん》事業所

障がい者が地域で安心して暮らせるよう、福祉《ふくし》サービスの利用支援《しえん》や、生活、仕事、権利などに関する相談支援《しえん》を行うところ。

サービス等利用計画

障がい福祉《ふくし》サービスを利用する本人の希望や心身の状況《じょうきょう》、生活課題などをふまえ、各種サービスを組み合わせてつくる自立支援《しえん》計画。障がい福祉《ふくし》サービスを利用する際には、市区町村にサービス等利用計画を提出する必要がある。

INTERVIEW 4

刑務所《けいむしょ》で働く社会福祉士《しゃかいふくしし》

佐藤《さとう》 珠美《たまみ》さん
札幌刑務所《さっぽろけいむしょ》 札幌刑務支所《さっぽろけいむししょ》
社会福祉士《しゃかいふくしし》

札幌刑務支所《さっぽろけいむししょ》は、女子受刑者《じゅけいしゃ》を収容する刑務所《けいむしょ》です。所内では、出所後のための職業訓練なども行っています。

高齢受刑者《こうれいじゅけいしゃ》に
必要な配慮《はいりょ》は…

それぞれの受刑者《じゅけいしゃ》にどんな指導が必要か、ほかの職員といっしょに話し合います。

女子高齢受刑者《こうれいじゅけいしゃ》の
授業から
見えてきたことは…

地域のみなさんに、女子高齢受刑者《こうれいじゅけいしゃ》の特徴《とくちょう》について説明しています。

左の太ももに
力を入れて
みましょう

高齢者《こうれいしゃ》の健康維持《いじ》のために、体操の指導を行うことも。

Q1 どんな仕事をしているのですか？

65歳《さい》以上の女子受刑者《じゅけいしゃ》を対象に、女子刑務所《けいむしょ》の中で、健康づくりや物忘れの予防、社会にもどったときの住まいや相談先、行政手続きやお金の使い方などについての授業を行っています。65歳《さい》以上といっても、残りの人生で、だれといっしょに暮らしたいか、どこで生活したいか、どんな役割や生きがいをもって生きていきたいかは、人それぞれです。だれでも知っておいたほうがよいことは集団の授業で学んでもらい、個人特有の問題や相談ごとに関しては個人面接を行って、社会生活に向けての準備や心がまえをサポートしています。

Q2 おもしろいところややりがいは？

高齢者《こうれいしゃ》と呼ばれる65歳《さい》以上の人でも、罪をおかして人生をあきらめた人でも、授業や面接をくり返していくなかで、今までがんばってきたことや強みをいかして、限りある残りの人生を大切にしていこうと自分に向き合っています。うっかり見のがしてしまいそうな言葉や行動の小さな変化を本人が自覚できるようにかかわり、本来もっている「生きる力」をいかすために、地域社会のどこで、どんな人に囲まれて生活することがいちばんよいのか、いっしょに考えていく過程に仕事のやりがいを感じます。

Q3 なぜこの仕事に就《つ》いたのですか？

小学生のころから、福祉《ふくし》の世界に漠然《ばくぜん》と興味をもっていました。生きにくさをかかえる人の相談に乗り、力になるには社会福祉士《しゃかいふくしし》の資格が必要だと考え、働きながら資格を取得しました。刑務所《けいむしょ》にいる人たちは、犯罪者である前にだれもが一人のかけがえのない人間です。罪をおかした理由は心の弱さだけではなく、そのときに置かれた状況《じょうきょう》が影響《えいきょう》している場合もあります。社会福祉士《しゃかいふくしし》は、生活環境《かんきょう》や人とのつながりを手助けする仕事です。この社会福祉士《しゃかいふくしし》の役割が、受刑者《じゅけいしゃ》の再犯防止に役立つのではないかと考え、この仕事に挑戦《ちょうせん》しました。

犯罪からの更生《こうせい》を助けるために

罪をおかしてしまった人の中には、高齢者《こうれいしゃ》や障がい者も少なくありません。生活に困っているのに支援《しえん》が受けられず、犯罪に至ったケースも多くあります。このような人たちが出所後に適切な支援《しえん》を受けて更生《こうせい》できるよう、刑務所《けいむしょ》や少年院などの矯正施設《きょうせいしせつ》には社会福祉《しゃかいふくし》士《し》がいて、相談援助《えんじょ》を行っています。出所後の支援《しえん》を行う「地域生活定着支援《しえん》センター」でも、社会《しゃかい》福祉士《ふくしし》が活躍《かつやく》しています。

INTERVIEW 5

独立開業して働く
社会福祉士《しゃかいふくしし》

大輪《おおわ》 典子《のりこ》さん
社会福祉士《しゃかいふくしし》事務所 スペース・輪《わ》 所長
NPO法人 ソーシャルネット南のかぜ 理事
社会福祉士《しゃかいふくしし》

みんなよく
考えているわね

グループで行うスーパービジョン。ホワイトボードに事例を書いて、意見を出し合います。

来週退院する
○○さんの
受け入れ先は…

自宅の一角に設けた事務所が仕事の拠点《きょてん》。電話での相談や連絡《れんらく》調整はここで行います。

成年後見人は、毎月、利用者さんの自宅や施設《しせつ》を訪問して、面接をしたり、ようすを確認《かくにん》したりします。

成年後見
制度について
学びましょう

市民のための権利擁護《ようご》の勉強会では、スクリーンなどを使って、実践例《じっせんれい》を伝えながら、わかりやすく説明していきます。

Q1 どんな仕事をしているのですか？

認知症《にんちしょう》などで自己判断が難しくなった人の権利擁護《ようご》（権利を守ること）に関する相談援助《えんじょ》が中心です。成年後見制度（19ページ）を利用する際のサポート、成年後見人としての活動、高齢者虐待《こうれいしゃぎゃくたい》への対応などをおもに行っています。また、スーパービジョン*を実施して、相談援助《えんじょ》の専門家のスキルアップにも貢《こう》献《けん》。大学の非常勤講師として相談援助《えんじょ》実習を行う学生のフォローもしています。そのほかに、弁護士とともにNPO法人を立ち上げて、福祉《ふくし》、相続、遺言《ゆいごん》などの相談に乗ったり、地域で市民後見人*を育てる活動を行ったりもしています。

Q2 おもしろいところややりがいは？

独立することで仕事の幅《はば》が広がり、さまざまなことができるようになったことです。地域で市民後見人といっしょに活動することは、独立していなければできないことでした。また、地域の中に、支援《しえん》を必要としている人を支えることができる人を増やしていくという点で、自分の経験や知識を伝える講師やスーパーバイザーという仕事ができるのも、独立していて自由がきくからこそです。これまでの経験や知識など、自分の人生すべてが仕事につながっている実感があり、やりがいがあると感じています。

Q3 なぜこの仕事に就《つ》いたのですか？

福祉《ふくし》に興味をもったきっかけは、弟が事故にあって脳に機能障がいが残ったとき、福祉《ふくし》サービスをうまく受けられなかったことでした。その後、ボランティア団体を立ち上げ、ホームヘルパーの資格をとって活動していた際に、社会《しゃかい》福祉士《ふくしし》にお世話になって、自分も社会《しゃかい》福祉士《ふくしし》になりたいと思いました。当時は子育て真っ最中でしたが、母の協力もあって無事に資格を取得。独立開業したのは、成年後見の仕事を中心に、権利擁護《ようご》の支援をしていきたかったからです。利用者さんの立場に立って援《えん》助《じょ》を提供できるようになりました。

スーパービジョン

人を援助《えんじょ》する仕事にたずさわる専門家のための勉強会。指導者としてふさわしいスキルをもつ人（スーパーバイザー）によって実施《じっし》される。

市民後見人

裁判所によって成年後見人に選ばれた地域の一般《いっぱん》市民。専門職の支援《しえん》のもと、市民の感覚をいかして成年後見人として活動する。市民後見人を目指す人は、自治体などが実施《じっし》する研修を受けて、知識や能力を高める。

災害に対する社会福祉士《しゃかいふくしし》の役割

～震災《しんさい》からの復興、そして再生へ。地域の人の笑顔《えがお》をつなぐ～

阿部《あべ》 豊和《とよかず》さん

石巻市《いしのまきし》渡波《わたのは》地域包括支援《ほうかつしえん》センター
社会福祉士《しゃかいふくしし》

　地域で大きな災害が発生した場合、そこに住む人たちは、心や体の健康や生活、住まいの不安など、いろいろな困難と向き合わなければなりません。このようなとき、社会福祉士《しゃかいふくしし》には、長期にわたってさまざまな支援《しえん》を行っていくことが求められます。

　災害が起きた直後には、保健師などといっしょに被災した人たちの相談に乗り、避難《ひなん》生活による心や体の問題について支援《しえん》を行います。その後も、「地域のつながりを診断《しんだん》する」という社会福祉士《しゃかいふくしし》の専門性をいかし、災害によって失われた住民同士の支え合い（地域力）の回復や福祉《ふくし》サービスの利用について支援《しえん》を行います。高齢者《こうれいしゃ》や障がい者など、生活全体に対するケアが必要な人を支えるために、さまざまなサービスの調整役としてほかの専門職とネットワークを構築し、支援《しえん》をしています。

　2011年3月に東日本大《だい》震災《しんさい》で被災した宮城県石巻市《みやぎけんいしのまきし》でも、社会福祉士《しゃかいふくしし》が地域の人たちと協力しながら、そこで生活する人の暮らしの再建や地域の再建を支援《しえん》し続けています。

「人と人とがつながりをつくれる地域」を目指して

震災《しんさい》当初は復旧支援《しえん》として、壊れた家屋や流されたものなどを、ボランティアの人たちといっしょに撤去《てっきょ》しながら、相談支援《しえん》や生活再建の手続きなどを行ってきました。震災《しんさい》から年月を経るなかで、支援《しえん》は「復旧」から「復興」へと移っています。住まいが避難所《ひなんじょ》から仮設住宅、復興住宅（※）へと移りかわるにつれ、住民同士の交流は難しくなってきました。建物の壁《かべ》が厚くなるにつれ、地域の人とかかわり合う意識が薄くなっているのです。そのため、子どもから高齢者《こうれいしゃ》まで、みんなが楽しく交流できる事業を開催《かいさい》するなどの支援《しえん》を行っています。地域の人たちが笑顔《えがお》でつながることで、夢や生きがいをもって生活が送れるように、「人と人とがつながりをつくれる地域」を目指して、これからも歩み続けます。

※復興住宅：災害で住宅を失い、再び建て直すのが困難な人が、少ない負担で借りられるよう、国が補助して県や市町村が整備した賃貸《ちんたい》住宅。

ちょっと待ってね、今できるから

世代を超《こ》えた交流で住民同士のつながりを

避難《ひなん》のための転居などで、これまでのように住民同士が顔を合わせられなくなってしまうこともあり、地域づくりに力を入れています。子どもから高齢者《こうれいしゃ》まで、すべての人が地域の中に居場所をもち、世代を問わず交流できることを目指して、民生委員や学生、NPO団体、社会福祉《ふくし》協議会などと協力してお祭りなどのイベントを開催《かいさい》したり、気軽に集まっておしゃべりできる地区サロンを開いたりしています。

この方が必要としている支援《しえん》は何だろう？

仮設住宅・復興住宅で暮らす高齢者《こうれいしゃ》への支援《しえん》

震災《しんさい》で住まいを失い、住み慣れた場所を離れざるをえなくなった高齢者《こうれいしゃ》は、避難所《ひなんじょ》から仮設住宅、復興住宅へと移って暮らしています。社会福《しゃかいふく》祉士《しし》は、こういった高齢者《こうれいしゃ》の住居をたずねて話を聞き、生活上の問題が見つかれば、行政とも協力して解決にあたります。また、介護《かいご》予防のための体操教室を開くなど、高齢者《こうれいしゃ》が健康で安心して暮らせるよう支援《しえん》しています。

体を動かすと、体も心もポカポカですね！

もっと！ 教えて！ 社会福祉士《しゃかいふくしし》さん

Q1 社会福祉士《しゃかいふくしし》になってよかったなと思うことを教えて！

A 社会福祉士《しゃかいふくしし》の仕事内容はとても幅広《はばひろ》いので、高齢者《こうれいしゃ》、障がい者、小中学校や高等学校に通う児童生徒、またその家族など、いろいろな年代、いろいろな立場の人たちに深くかかわることができます。たくさんの人生や生活にふれることで、毎日、知らなかったこと、見たことのない世界を知ることができて、ぜいたくな仕事だなあと日々感じています。（40代・女性）

A 近隣《きんりん》住民からの相談で、ひとり暮らしの高齢者《こうれいしゃ》の家をたずねたときのこと。家の中にはごみが散乱し、入浴も数日していないようすで、初めはほとんど話を聞いてもらえませんでした。しかし、話を続けるなかで、本人の望む支援《しえん》のことにふれると態度が一変し、話を聞いてくれるようになりました。意欲をなくしていた人が、自ら課題に向き合えるようになる瞬間《しゅんかん》に立ち合うと、この仕事をしていてよかったと感じます。（40代・男性）

Q2 社会福祉士《しゃかいふくしし》の仕事で、大変なこと、苦労したことを教えて！

A 実習のとき、「この仕事は、100つらいことがあるけど、1いいことがある。その1がくせになって、やめられないんだ」と先輩《せんぱい》の社会福祉士《しゃかいふくしし》が話してくれました。公務員として働いていたときには、いわゆる「ごみ屋敷《やしき》」に行くこともしばしばありましたし、クレームなど攻撃的《こうげきてき》なものの言い方をする人と接することも多く、悲しい気持ちになることはあります。それでも、かかわった人がいきいきと暮らせるようになった姿を目にしたり、感謝の言葉をかけてもらったりと、うれしいことがたまにあるので、この仕事はやめられないですね。（30代・男性）

A 若いころは「人生経験のないあなたに何がわかるの？」と言われてくやしい思いをすることもありました。経験が浅いころは、自分の考える「当たり前」がだれにでもあてはまることではないということを、頭ではわかっていても心で受け止めることが難しかったように思います。今でも、自分の「当たり前」を押《お》しつけることのないよう気をつけ、先輩《せんぱい》や指導者の助言に常に耳を傾《かたむ》けるよう心がけています。（50代・女性）

Part 2

目指せ社会福祉士《しゃかいふくしし》！どうやったらなれるの？

社会福祉士《しゃかいふくしし》になるには、どんなルートがあるの？

福祉系《ふくしけい》大学などで学び、社会福祉士《しゃかいふくしし》国家試験を受験

社会福祉士《しゃかいふくしし》は、福祉《ふくし》に関する相談援《えん》助《じょ》の専門的な知識と技術をもつ人に与《あた》えられる国家資格です。相談援助《えんじょ》の仕事そのものは、資格をもたない人でもできるのですが、「社会福祉士《しゃかいふくしし》」を名乗ることが許されるのは、国家試験に合格し、社会福祉士登録簿《しゃかいふくししとうろくぼ》に登録した人だけです。

まず、社会福祉士《しゃかいふくしし》国家試験を受けるには、福祉系《ふくしけい》の大学や短期大学、専門学校で、定められた科目を修める必要があります。学校に通った年数と修めた科目によっては、さらに相談援助《えんじょ》実務（56ページ）の経験を積んだり、短期養成施設《しせつ》で学んだりすることが必要です。

あるいは社会福祉《ふくし》主事養成機関で学び、2年の相談援助《えんじょ》実務、短期養成施設《し》での学習を経て、国家試験の受験資格を得ることができます。

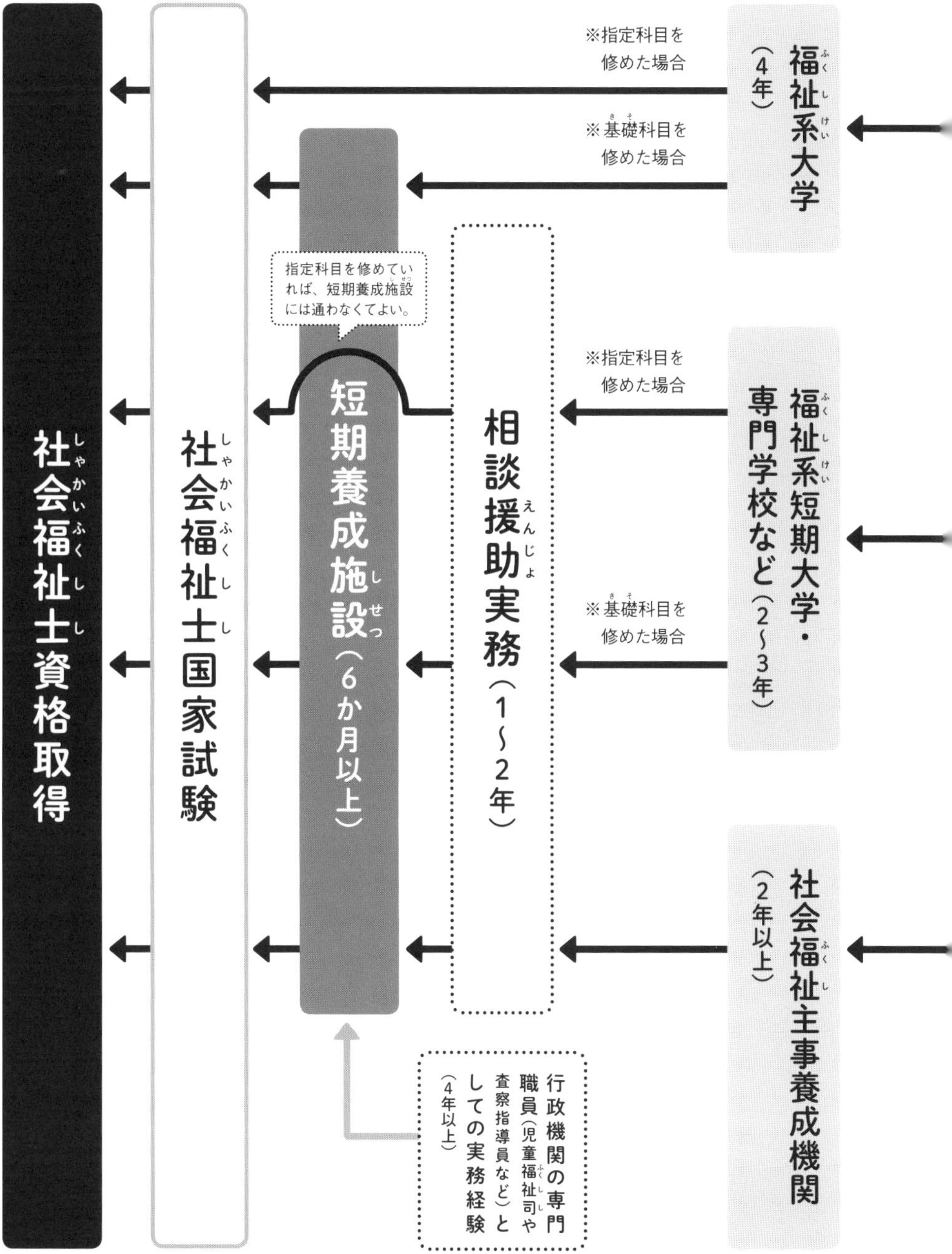

※指定科目、基《き》礎《そ》科目の内容は52ページ。

いろんな学校があるみたいだけど、ちがいは何？

社会福祉《ふくし》に関する科目

科目名	指定科目（18科目）	基礎《きそ》科目（12科目）
人体の構造と機能および疾病《しっぺい》、心理学理論と心理的支援《しえん》、社会理論と社会システム　のうち1科目	●	●
現代社会と福祉《ふくし》	●	
社会調査の基礎《きそ》	●	●
相談援助《えんじょ》の基盤《きばん》と専門職	●	●
相談援助《えんじょ》の理論と方法	●	
地域福祉《ふくし》の理論と方法	●	
福祉《ふくし》行財政と福祉《ふくし》計画	●	●
福祉《ふくし》サービスの組織と経営	●	●
社会保障	●	●
高齢者《こうれいしゃ》に対する支援《しえん》と介護《かいご》保険制度	●	●
障がい者に対する支援《しえん》と障がい者自立支援《しえん》制度	●	●
児童や家庭に対する支援《しえん》と児童・家庭福祉《ふくし》制度	●	●
低所得者に対する支援《しえん》と生活保護制度	●	●
保健医療《いりょう》サービス	●	●
就労支援《しえん》サービス、権利擁護《ようご》と成年後見制度、更生《こうせい》保護制度　のうち1科目	●	●
相談援助《えんじょ》演習	●	
相談援助《えんじょ》実習指導	●	
相談援助《えんじょ》実習	●	

「社会福祉に関する科目を定める省令（平成20年文部科学省・厚生労働省令第3号）」より

学べる科目や年数がさまざまで、資格取得までの過程もちがいます

社会福祉士《しゃかいふくしし》国家試験を受験するためには、法律で定められた必要な科目を修めなければなりませんが、学校によって学べる科目にちがいがあります。福祉系《ふくしけい》の大学や短期大学、専門学校には、大きく分けて、指定科目を学べる学校と、基礎《きそ》科目のみを学べる学校があります（上の表を参照）。

福祉系《ふくしけい》大学で、指定科目を18科目修めると、卒業と同時に社会福祉士《しゃかいふくしし》国家試験の受験資格を得ることができます。福祉系《ふくしけい》の短期大学や専門学校で指定科目を修めた場合は、卒業後に1～2年の相談援助《えんじょ》実務（56ページ）の経験を経て、国家試験の受験資格を取得できます。

高校卒業後に入学する学校

福祉系《ふくしけい》短期大学・専門学校
(2〜3年)

- 在学中に指定科目あるいは基礎《きそ》科目を修めることができる。
- 指定科目を学んだ場合は、卒業後に就職し、1〜2年相談援助《えんじょ》実務を経験すると国家試験の受験資格を得られる。
- 基礎《きそ》科目を学んだ場合は、卒業後に就職し、1〜2年の相談援助《えんじょ》実務を経たのちに短期養成施設《しせつ》で6か月以上学ぶと、国家試験の受験資格を得られる。

福祉系《ふくしけい》大学 (4年)

- 4年間で指定科目あるいは基礎《きそ》科目を修めることができる。
- 指定科目を修めた場合は、卒業後すぐに国家試験を受けることができる。
- 基礎《きそ》科目を修めた場合は、卒業後に短期養成施設《しせつ》で6か月以上学んだのち、国家試験の受験資格を得られる。

社会福祉《ふくし》主事養成機関
(2年〜)

- 卒業後に就職し、相談援助《えんじょ》実務を2年経験したのちに短期養成施設《しせつ》で6か月以上学ぶと、国家試験の受験資格を得られる。
- 卒業と同時に社会福祉《ふくし》主事任用資格を得ることができる。(社会福祉《ふくし》主事とは、行政の福祉《ふくし》担当部署や福祉《ふくし》事務所、社会福祉施設《ふくししせつ》で働く専門職員のこと。)

短期養成施設《しせつ》 (6か月〜)

- 福祉系《ふくしけい》の学校で基礎《きそ》科目を修めた人、社会福祉《ふくし》主事養成機関を卒業した人、行政機関の専門職員(児童福祉司《ふくしし》や査察指導員など)として4年以上の実務経験がある人が、国家試験の前に学ぶ施設《しせつ》。
- 通信制で、働きながらでも学べる。

大学や短期大学などを卒業後、短期養成施設《しせつ》で学ぶルートも

福祉系《ふくしけい》大学で基礎《きそ》科目のみを学んだ場合、卒業後に短期養成施設《しせつ》などで学ぶ必要があります。福祉系《ふくしけい》の短期大学や専門学校で基礎《き》科目のみを学んだ場合や、社会福祉《ふくし》主事養成機関を卒業した場合は、相談援助《えんじょ》実務の経験を経たあと、短期養成施設《しせつ》で学びます。また、行政機関の専門職員(児童福祉司《ふくしし》や査察指導員など)として4年以上の実務経験がある人は、指定科目や基礎《きそ》科目を学んでいなくても、短期養成施設《しせつ》で学べば国家試験の受験資格を得ることができます。

短期養成施設《しせつ》は通信制です。自宅学習とレポート提出が中心ですが、一定期間、学校に通って授業を受けるスクーリングや、相談援助《えんじょ》の実習も行います。スクーリングは土日祝日や長期休暇《きゅうか》の時期に設定されていることが多く、仕事をもつ人にも配慮《はいりょ》されています。

？ 福祉系《ふくしけい》の学校以外から目指すことはできるの？

一般《いっぱん》大学（4年）

一般《いっぱん》短期大学・専門学校など（2〜3年）

相談援助《えんじょ》実務（1〜2年）

相談援助《えんじょ》実務（4年）

→ 一般《いっぱん》養成施設《しせつ》（1年以上）

→ 社会《しゃかい》福祉《ふくし》士《し》国家試験

→ 社会《しゃかい》福祉《ふくし》士《し》資格取得

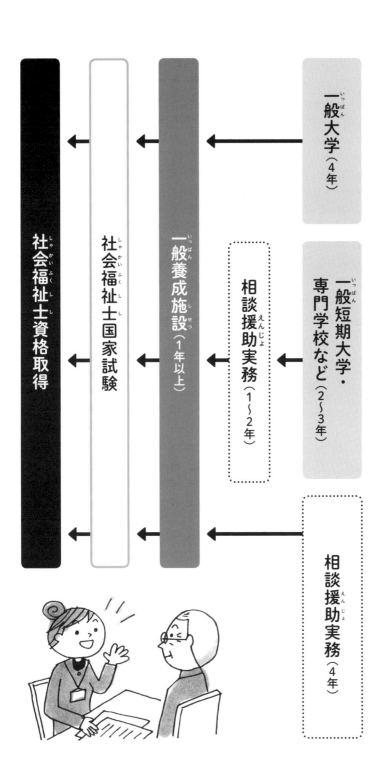

一般《いっぱん》養成施設《しせつ》に入るのは、こんな人！

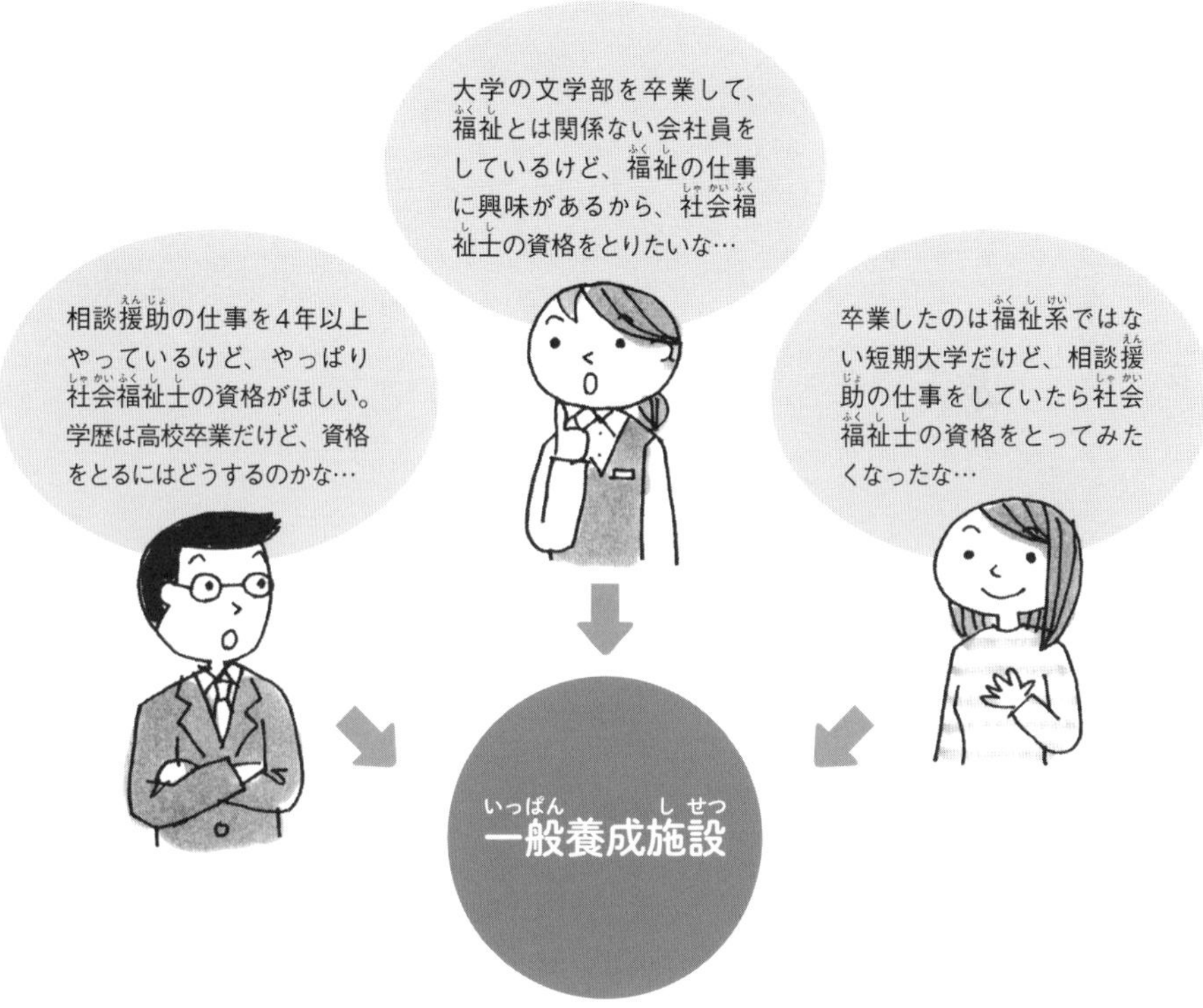
大学の文学部を卒業して、福祉《ふくし》とは関係ない会社員をしているけど、福祉《ふくし》の仕事に興味があるから、社会福《しゃかいふく》祉士《しし》の資格をとりたいな…
相談援助《えんじょ》の仕事を4年以上やっているけど、やっぱり社会福祉士《しゃかいふくしし》の資格がほしい。学歴は高校卒業だけど、資格をとるにはどうするのかな…
卒業したのは福祉系《ふくしけい》ではない短期大学だけど、相談援《えん》助《じょ》の仕事をしていたら社会《しゃかい》福祉士《ふくしし》の資格をとってみたくなったな…
一般《いっぱん》養成施設《しせつ》

福祉系《ふくしけい》の学校以外を卒業した人は、一般《いっぱん》養成施設《しせつ》で学びます

福祉系《ふくしけい》以外の大学を卒業した人、福祉系《ふくしけい》以外の短期大学や専門学校を卒業したあと1～2年の相談援助《えんじょ》実務（56ページ）を経験した人、相談援助《えんじょ》実務を4年以上経験した人が社会福祉士《しゃかいふくしし》の国家試験を目指す場合は、一般《いっぱん》養成施設《しせつ》で1年以上学び、必要な科目を修めることで、社会福祉士《しゃかいふくしし》国家試験の受験資格を得ることができます。

一般《いっぱん》養成施設《しせつ》は、日中に通学する学校のほか、通信制や夜間部で学べる学校もあり、働きながら資格取得を目指すことが可能です。教室での授業のほかに相談援助《えんじょ》実習もあります。学習期間は施設《しせつ》によって異なりますが、多くは1～2年程度です。

国家試験の受験資格を得るために必要な科目の一部は、福祉系《ふくしけい》以外の学校でも学べるため、自分がすでに修めた科目以外を選んで学べる学校もあります。

？ 学校を卒業したあと、実務経験が必要なの？

実務経験と認められる仕事の例

障がい者支援《しえん》施設《しせつ》の生活支援《しえん》員

事故や病気による障がいがある人を支援《しえん》する施設《しせつ》で、利用者さんの生活援助《えんじょ》や訓練などを行います。

養護老人ホームの生活相談員

高齢者《こうれいしゃ》が生活する施設《しせつ》で、家族や病院、行政機関などとの連絡《れんらく》調整や相談業務などを行います。

児童養護施設《しせつ》の児童指導員

保護者にかわって、施設《しせつ》で生活する子どもたちへの自立支援《しえん》や学習指導、生活上の手伝いなどをします。

病院・診療所《しんりょうじょ》の相談員

患者《かんじゃ》さんの経済面や精神面の相談に乗ったり、社会復帰に向けての援助《えんじょ》を行ったりします。

4年制の大学以外は、卒業後、相談援助《えんじょ》実務の経験が必要です

相談援助《えんじょ》実務とは、実際に社会福祉施設《ふくししせつ》などに勤めて、困っている人から相談を受け、ほかの専門職と連携《れんけい》して援助《えんじょ》を行う業務のこと。短期大学や専門学校、社会福祉《ふくし》主事養成機関を卒業した場合、社会福祉士《しゃかいふくしし》国家試験の受験資格を得るためには、相談援助《えんじょ》実務の経験が必要です。

厚生労働省《こうせいろうどうしょう》が指定した施設《しせつ》や職種での業務でないと、実務経験としては認められません。また、卒業した学校によって、必要な実務経験の年数は異なります。

4年制の大学を卒業した場合は、それが福祉系《ふくしけい》大学でも一般《いっぱん》大学でも、実務経験は必要ありません。

？ 気になる学費は、どのくらいかかるの？

授業料と入学金の目安

■ 高等学校卒業後に入る学校

学校の種類	年間授業料	入学金
大学（国公立）	約55万円	約15万～60万円
大学（私立）	約55万～165万円	約15万～35万円
短期大学（公立）	約40万円	約20万円
短期大学（私立）	約40万～110万円	約20万～30万円
専門学校（私立）	約50万～105万円	約5万～25万円

■ 大学などで学んだあと、または実務を経験したあとに入る学校

学校の種類	年間授業料	入学金
短期養成施設《しせつ》（私立）	約15万～20万円	約2万～3万円
一般《いっぱん》養成施設《しせつ》（私立）	約10万～105万円	約2万～20万円

このほかに、教科書代、実習費、施設費《しせつひ》などがかかる場合もあります。

奨学金《しょうがくきん》の種類

民間団体の奨学金《しょうがくきん》

学校の奨学金《しょうがくきん》

自治体の奨学金《しょうがくきん》

国公立と私立で大きな差。短期大学と専門学校は同程度

　4年制大学の国公立と私立では学費に大きな差があります。当然のことながら、大学よりも短期大学や専門学校のほうが年数が短いため、学費の総額は少なくて済みます。

　基礎《きそ》科目を学ぶ学校に進んだ場合は、卒業後、さらに短期養成施設《しせつ》に行く費用もかかります。ただ、短期養成施設《しせつ》の学費は、大学などに比べると安く設定されています。

　いずれの学校も授業料のほかに実習費がかかり、実習時間に応じて費用も高くなる傾《けい》向《こう》があります。

　また、多くの学校に奨学金《しょうがくきん》制度があり、民間団体や自治体の奨学金《しょうがくきん》を利用することも可能です。

社会福祉士《しゃかいふくしし》の学校って、どんなところ?

社会福祉士《しゃかいふくしし》になるために学ぶこと

人・社会・生活と福祉《ふくし》の理解に関する知識と方法

社会福祉士《しゃかいふくしし》として適切な相談援助《えんじょ》ができるように、人の体と心に関する知識、人と社会の関係、福祉《ふくし》制度や福祉《ふくし》政策などについて学びます。

総合的かつ包括的《ほうかつてき》な相談援助《えんじょ》の理念と方法に関する知識と技術

相談援助《えんじょ》の理念や、援助《えんじょ》の仕方などを学びます。さまざまなモデルケースや、実際にあった事例を通して、相談援助《えんじょ》業務での具体的な対応の仕方を身につけます。

地域福祉《ふくし》の基盤《きばん》整備と開発に関する知識と技術

地域福祉《ふくし》の理念や福祉《ふくし》サービスの組織などについて学ぶとともに、他職種との連携《れんけい》や地域住民への働きかけによる地域づくりの方法を習得します。

サービスに関する知識

高齢者福祉《こうれいしゃふくし》、障がい者福祉《ふくし》、児童福祉《ふくし》など、多様な福祉《ふくし》分野について理解し、それぞれに関連する制度やサービスについての知識を身につけます。

実習・演習

さまざまな科目で学んだ知識や技術を、実践《じっせん》を通して身につけられるよう、実習や演習の授業が設けられています。

オリエンテーション

学生生活のスタート。学生生活に関する説明のほか、新入生同士の交流の機会も設けられます。

学園祭

出店やステージ発表、ボランティアサークルによる企画《きかく》などが多数用意され、盛り上がります。

写真提供・取材協力：日本社会事業大学

ある一年のスケジュール

4月	入学式（1年次） オリエンテーション 前期授業開始
▼	
7月	生協フェスタ 前期試験
8月	前期授業終了《しゅうりょう》、夏休み
▼	
9月	後期授業開始 バザー
▼	
11月	学園祭
12月	冬休み
▼	
1月	授業再開、後期試験 後期授業終了《しゅうりょう》 社会福祉士《しゃかいふくしし》国家試験（卒業年次）
▼	
3月	卒業式（卒業年次）

サークル活動やイベントも、学びの場となります

社会福祉士《しゃかいふくしし》を目指す人が通う大学などでは、授業のほかにサークル活動や行事も活発に行われています。授業で学ぶ知識や技術はもちろん大切ですし、それらを身につけるための自主勉強も欠かせませんが、課外活動を通して、多くの人とかかわる機会をもつことも、とてもだいじです。なぜなら、社会福《しゃかいふく》祉士《しし》はさまざまな立場や背景をもつ人と接する仕事なので、知識だけではなく、人とかかわった経験がたくさんあればあるほど、相談を受けて援助《えんじょ》するという、仕事の場面にいきてくるからです。

学校の中には、地域の人と交流するバザーや学園祭、福祉《ふくし》関係の施設《しせつ》を見学するオリエンテーションなど、学びの機会となるイベントが年間行事に組みこまれているところもあります。得ることが多くあるので、積極的に参加するとよいでしょう。

? 学校ではどんな授業が行われているの？

学校の授業の一部（日本社会事業大学の場合）

● 社会福祉《ふくし》と権利擁護《ようご》

人がもつ権利や、権利を侵害《しんがい》された場合の法律について学び、社会福祉《ふくし》にかかわる法律についても理解を深めます。

● 地域福祉論《ふくしろん》

地域福祉《ふくし》の基本的な考え方を理解し、地域福祉《ふくし》にかかわる住民や組織、専門職などのそれぞれの役割についても学びます。

● 就労支援《しえん》サービス

障がい者雇用《こよう》の実態や制度などを学習。外部から講師を招き、現場のようすについて聞く機会もあります。

● 公的扶助論《ふじょろん》

現代社会において、多くの人が直面する可能性がある「貧困」に焦点《しょうてん》を当て、制度や考え方を学びます。

授業によって、教室の大きさや授業を受ける人数はさまざまです。

● 老人福祉論《ふくしろん》

介護《かいご》保険制度を中心とする高齢者福《こうれいしゃふく》祉《し》にかかわる法制度について学ぶとともに、高齢者介護《こうれいしゃかいご》に対する理解を深めます。

福祉《ふくし》の基礎《きそ》を学ぶ授業から、実践力《じっせんりょく》をみがく授業まで

指定科目を学ぶ大学の場合、1〜2年次は地域福祉論《ふくしろん》など社会福祉《ふくし》に関する基礎《きそ》のほかに、一般《いっぱん》科目として外国語やスポーツなども学び、幅広《はばひろ》い知識を身につけます。講義形式以外にも、少人数で一つのテーマについて話し合ったり、各自が研究したことを発表したりと、さまざまな形式の授業があります。3年次になると、社会福祉施設《ふくししせつ》などでの相談援助《えんじょ》実習が始まります。4年次は卒業論文や実習報告の作成、卒業後にひかえた国家試験の対策が中心です。

3年制や2年制の短期大学、専門学校では、社会福祉士《しゃかいふくしし》国家試験に必要な科目を短期間で集中的に学びます。

● 相談援助《えんじょ》実習

社会福祉施設《ふくししせつ》・機関に出向いて行う実習。現場で実際の業務を体験し、問題のとらえ方、援助《えんじょ》の方法や技術、制度に関する知識など、授業で学んだことを実務レベルに引き上げます。

● 専門演習（ゼミ）

少人数のクラスで福祉《ふくし》に関する専門性の高いテーマを研究・発表し、福祉《ふくし》への理解を深めるとともに、対話や説明のスキルを養います。

社会福祉士《しゃかいふくしし》以外の資格に関する実習も…

介護《かいご》実習

食事や入浴など日常生活支援《しえん》の方法や、さまざまな福祉《ふくし》機器の使い方など、介護《かいご》に関する技術を学びます。介護福祉士《かいごふくしし》の資格取得を同時に目指す人には、必ず必要となる科目です。

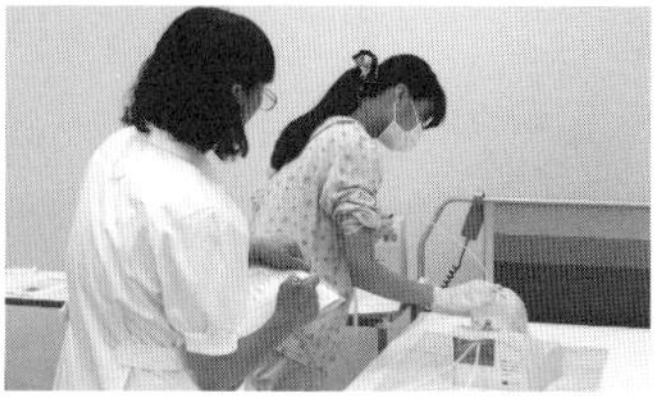

写真提供・取材協力：日本社会事業大学

相談援助《えんじょ》実習では、実際の施設《しせつ》での業務を経験

指定科目を学べる学校のカリキュラムには、学んだ知識を現場でいかせるものにするために、180時間以上の相談援助《えんじょ》実習が必ず組みこまれています。実習を修了《しゅうりょう》しなければ、学校を卒業しても国家試験を受けることができません。なお、基礎《きそ》科目には相談援助《えんじょ》実習がふくまれていないため、基礎《きそ》科目を学ぶ学校を卒業した人は、短期養成施《し》設《せつ》で必ず実習を行います。

相談援助《えんじょ》実習では、福祉《ふくし》の現場で実際の業務を体験しながら、問題のとらえ方、援助《えんじょ》の方法や技術、制度に関する実践的《じっせんてき》な知識などを学びます。

学校によっては、社会福祉士《しゃかいふくしし》の実習に加えて、精神保健福祉援助《ふくしえんじょ》実習や介護《かいご》実習、保育実習など、分野の異なる実習が受けられる場合もあります。幅《はば》のあるスキルを身につけるチャンスをいかしましょう。

社会福祉士《しゃかいふくしし》に向いているのはどんな人？

向いている人の特徴《とくちょう》

人の話を聞くのが得意

支援《しえん》の始まりは、まず話を聞くことから。ただ人と話すのが好きなだけでは務まりません。相談を受けたときに、じっと耳を傾《かたむ》けられることが重要です。

人の役に立ちたい

困っている人から相談を受け、支援《しえん》をするのが社会福祉士《しゃかいふくしし》。「この人のために何かしてあげたい」という気持ちが、仕事への原動力になります。

観察力がある

相談者の困りごとは目に見えるわけではありません。相手の表情や態度などを敏感《びんかん》にとらえ、小さな変化も見のがさない観察力が必要です。

問題解決力がある

相談内容から解決策を提案し、いろいろな施設《しせつ》などと連携《れんけい》して支援《しえん》をするには、問題解決力が必要です。要点をつかみ、考え、実行に移せる人に向いています。

人と接するのが好きで、聞き上手であることが大切

社会福祉士《しゃかいふくしし》の仕事は、日常生活などでの困りごとの相談を受けて、いろいろな人たちと連携《れんけい》しながら解決していくことです。何よりもまず、人の話を聞くのが得意な人に向いている仕事といえます。

また、観察力も大切です。相手のことをよく見て、どんな気持ちなのか、何を望んでいるのかを考えて接してくれる人には、困りごとも打ち明けやすくなるからです。受けた相談を、いろいろな人と連携《れんけい》して解決していく力も求められます。もちろん、仕事をしているといろいろと大変なこともありますが、相談者のために何かしてあげたいという気持ちが、仕事への原動力になるのです。

？ 中学校・高等学校でやっておくといいことはある？

いかせる科目

科目	いかせること
国語、英語	相談業務、話を聞く、話をする
ボランティア、クラブ活動	相談者や地域の人との交流
保健体育	健康に関する知識
家庭科	生活、くらし
公民	福祉《ふくし》に関する法律や制度

勉強、クラブ活動、すべてが知識や経験として役立ちます

社会福祉士《しゃかいふくしし》は、人とのコミュニケーションが重要な仕事。人の話を聞いたり、考えていることを伝えたりするための国語力は必須《ひっす》です。そのほか、高齢者《こうれいしゃ》や障がい者の日常生活の支援《しえん》をするために、健康や生活、社会のしくみに関する知識も必要です。

ボランティアを通して、福祉《ふくし》の現場にふれる経験や、クラブ活動でいろいろな人とかかわる経験も、社会福祉士《しゃかいふくしし》になるための支えとなるでしょう。相談者に寄りそい、支援《しえん》するには、その人が興味をもつものに共感することも重要なので、いろいろなことに興味をもち、やってみたいと思うことには何でもとり組んでみましょう。

？ 社会福祉士《しゃかいふくしし》ってどのくらいいるの？

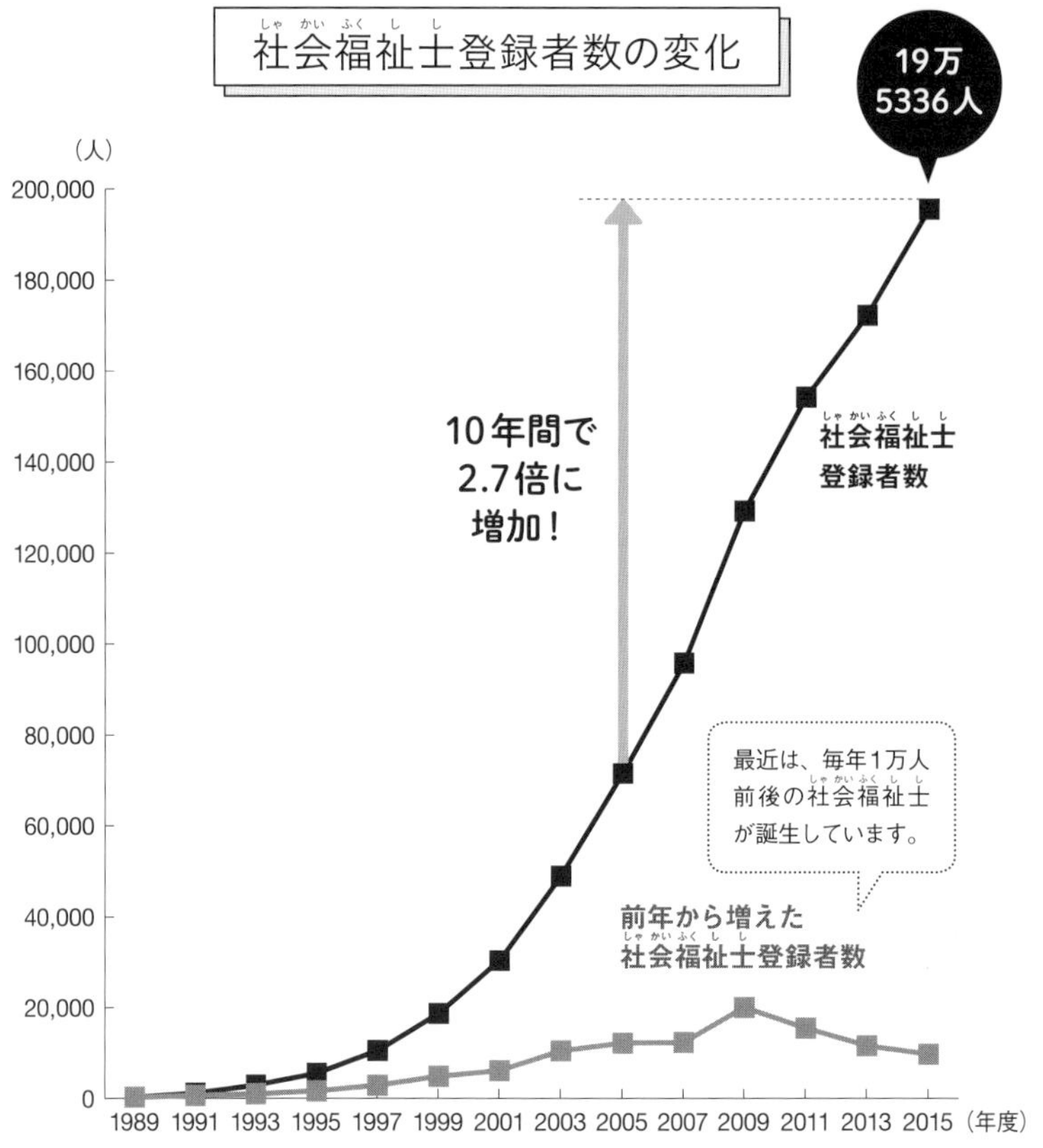
社会福祉士《しゃかいふくしし》登録者数の変化
19万
5336人
（人）
200,000
180,000
160,000
140,000
120,000
100,000
80,000
60,000
40,000
20,000
0
1989 1991 1993 1995 1997 1999 2001 2003 2005 2007 2009 2011 2013 2015（年度）
10年間で
2.7倍に
増加！
社会福祉士《しゃかいふくしし》
登録者数
最近は、毎年1万人
前後の社会福祉士《しゃかいふくしし》
が誕生しています。
前年から増えた
社会福祉士《しゃかいふくしし》登録者数

公益財団法人社会福祉振興・試験センター「登録者数資格種類別〈年度別の推移〉」（2016年）より作成

社会福祉士《しゃかいふくしし》資格をもつ人は、全国に19万人以上

社会福祉士《しゃかいふくしし》という国家資格は１９８７年に誕生しました。それ以来、現在に至るまで社会の高齢化《こうれいか》が進むなど、社会福祉《ふくし》サービスや介護《かいご》サービスの必要性が高まるにつれて資格をもつ人の数は増え続けています。第１回社会福祉士《しゃかいふくしし》国家試験のあった１９８９年に１６８人だった社会福祉士《しゃかいふくしし》は、２０１５年度末時点で19万人を超《こ》えています。

社会福祉士《しゃかいふくしし》と並んで3福祉士《ふくしし》といわれる介護福祉士《かいごふくしし》、精神保健福祉士《せいしんほけんふくしし》（67ページ）の数を見てみると、２０１５年度末時点で、介護福祉士《かいごふくしし》が約１４０万人、精神保健福祉士《せいしんほけんふくしし》が約7万人。実際に介護《かいご》を行う専門職である介護福祉士《かいごふくしし》が、飛び抜《ぬ》けて多くなっています。

社会福祉士《しゃかいふくしし》の男女別・年齢別《ねんれいべつ》割合

公益財団法人社会福祉振興・試験センター調べ（2012年11月1日現在）

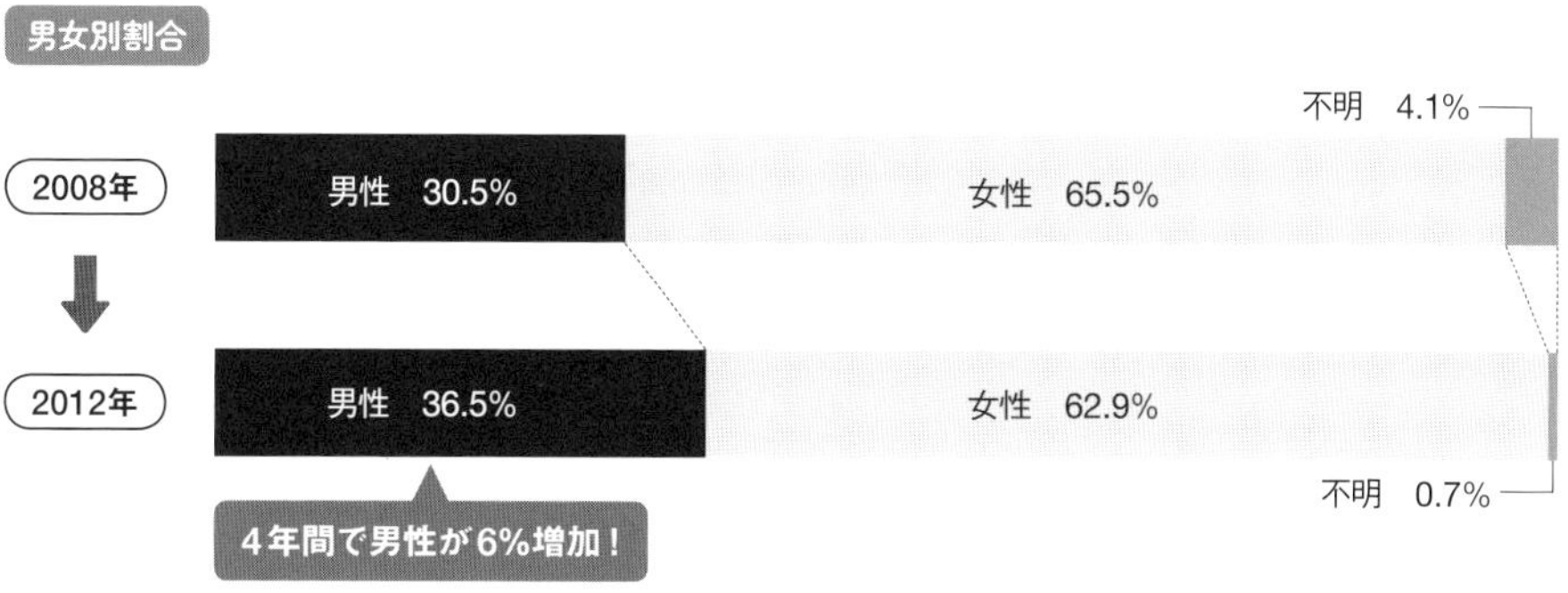

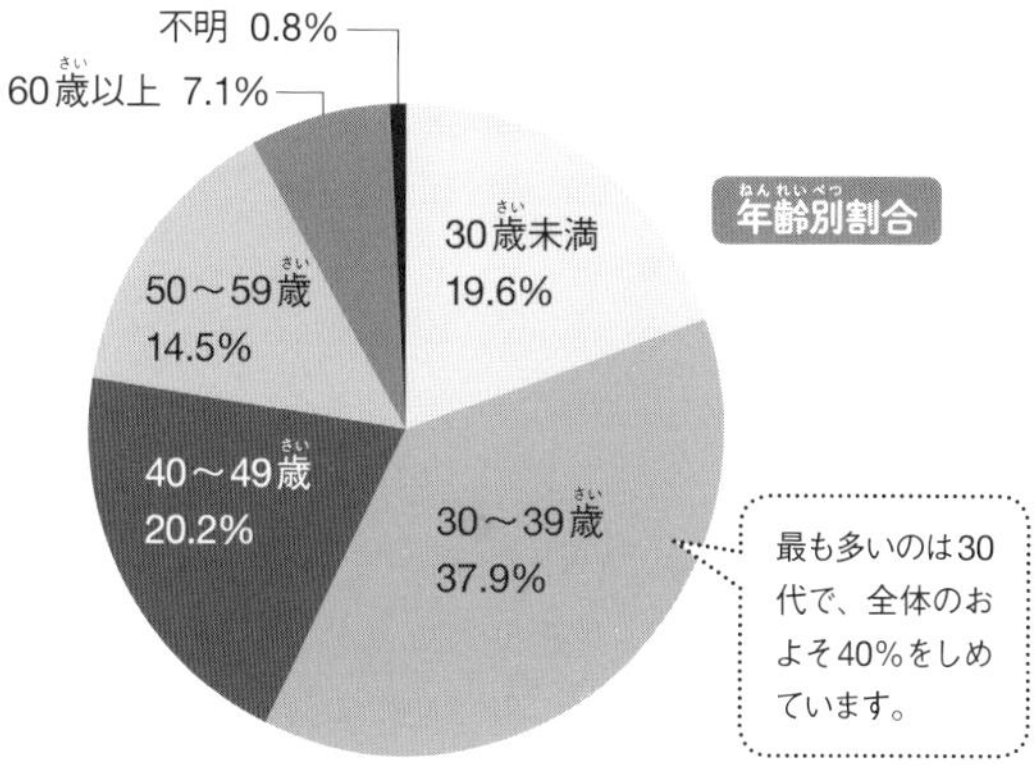

女性の多い職種ですが、男性の社会福祉士《しゃかいふくしし》も増加中

男女比で見ると、女性が男性の2倍近い人数となっていますが、少しずつ男性の社会《しゃかい》福祉士《ふくしし》も増えてきています。相談に訪《おとず》れる人は性別も年齢《ねんれい》もさまざまです。男性の相談者は男性同士のほうが話しやすい場合などもあるでしょう。今後も男性の社会福祉《しゃかいふく》士《し》が増えることが期待されます。

年齢《ねんれい》としては、30代が特に多く、次いで40代、20代と続きますが、60歳《さい》以上まで幅広《はばひろ》い年代の人が活躍《かつやく》しています。長く続けることのできる職業といえるでしょう。社会福祉《しゃかいふく》士《し》として独立して業務を行うこともでき、定年退職せずに働き続けるという選択肢《せんたくし》もあります。

社会福祉士《しゃかいふくしし》の資格は、年齢《ねんれい》を重ねてからでも目指すことができます。一度ほかの職に就《つ》いたあとで資格を取得し、活躍《かつやく》している人も多い職業です。

社会福祉士《しゃかいふくしし》はどんなところで活躍《かつやく》しているの？

社会福祉士《しゃかいふくしし》資格取得者の就職先

公益財団法人社会福祉振興・試験センター調べ（2012年11月1日現在）

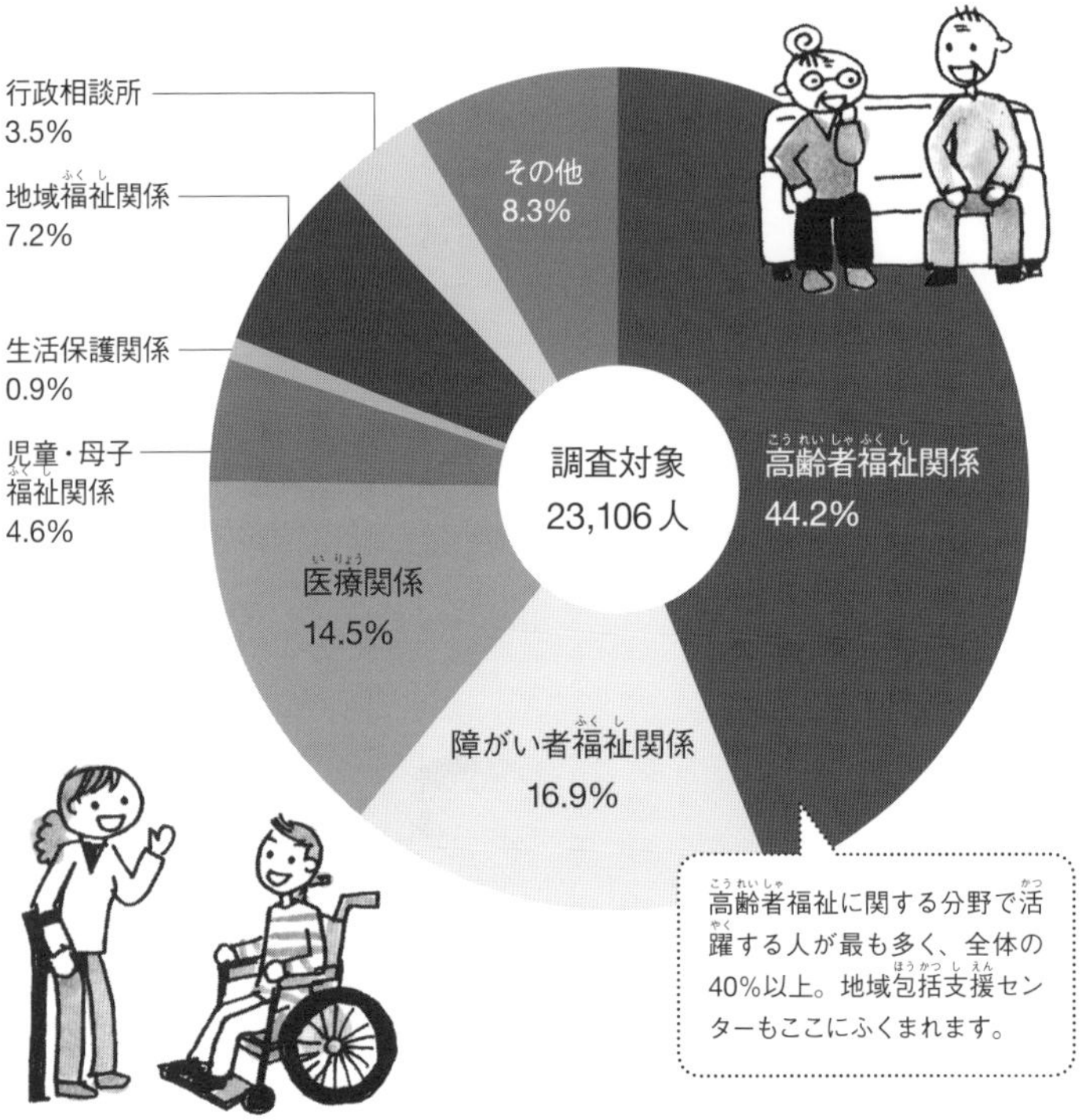

行政相談所 3.5%
地域福祉《ふくし》関係 7.2%
生活保護関係 0.9%
児童・母子福祉《ふくし》関係 4.6%
医療《いりょう》関係 14.5%
障がい者福祉《ふくし》関係 16.9%
その他 8.3%
高齢者福祉《こうれいしゃふくし》関係 44.2%
調査対象 23,106人
高齢者《こうれいしゃ》福祉に関する分野で活《かつ》躍《やく》する人が最も多く、全体の40%以上。地域包括支援《ほうかつしえん》センターもここにふくまれます。

活躍《かつやく》の場は幅広《はばひろ》いですが、最も多いのは高齢者福祉《こうれいしゃふくし》関係

日常生活で困っている人を支援《しえん》するという役割から、社会福祉士《しゃかいふくしし》の活躍《かつやく》の場は幅広《はばひろ》く、介護《かいご》保険施設《しせつ》など高齢者福祉《こうれいしゃふくし》関係、障がい者福祉《ふくし》関係、医療《いりょう》関係、社会福祉《ふくし》協議会など地域福祉《ふくし》関係、福祉《ふくし》事務所や児童相談所などの行政相談所と、じつに多様です。特に多いのは高齢者福祉《こうれいしゃふくし》関係と障がい者福《ふく》祉《し》関係で、あわせて50％以上をしめています。（2012年時点）。

近年、不登校など学校にかかわる相談援助《えんじょ》（38～39ページ）や、刑務所《けいむしょ》から出所する際の社会復帰の支援《しえん》（42～43ページ）などにも社《しゃ》会福祉士《かいふくしし》が求められるようになっており、今後、活躍《かつやく》の場はますます広がるでしょう。

福祉《ふくし》に関する3つの国家資格

介護福祉士《かいごふくしし》
食事や入浴介助《かいじょ》、トイレ介助《かいじょ》、見守りなど、身体の不自由な人や介助《かいじょ》が必要な人の日常生活すべての介護《かいご》を行う。
精神保健福祉士《せいしんほけんふくしし》
心の病気や精神障がいをかかえた人から相談を受け、社会に復帰するための援助《えんじょ》などを行う。
社会福祉士《しゃかいふくしし》
心身の障がいや経済的な問題など、さまざまな困りごとをかかえる人から相談を受け、適切な支援《しえん》が受けられるようにサポートする。

? 社会福祉士《しゃかいふくしし》とそのほかの資格のちがいは？

援助《えんじょ》する対象者や、かかわり方にちがいがあります

福祉《ふくし》に関する国家資格は、社会福祉士《しゃかいふくしし》のほかに、介護福祉士《かいごふくしし》、精神保健福祉士《せいしんほけんふくしし》があります。社会福祉士《しゃかいふくしし》は生活に困っている人すべてに対して相談援助《えんじょ》をしますが、介護福祉士《かいごふくしし》は、高齢者《こうれいしゃ》や障がい者に対して、食事やトイレの手助けをするなど、その人の生活を直接支えます。精神保健福祉士《せいしんほけんふくしし》のおもな仕事は、社会福祉士《しゃかいふくしし》と同じ相談援助《えんじょ》ですが、精神に何らかの病気や障がいをもつ人を対象としています。

これら3つの資格は、対象者が重なることも多いため、社会福祉士《しゃかいふくしし》として働いている人が、介護福祉士《かいごふくしし》や精神保健福祉士《せいしんほけんふくしし》の資格をあわせてもっていることもあります。

社会福祉士《しゃかいふくしし》はどうキャリアアップしていくの？

社会福祉士《しゃかいふくしし》が所有するほかの資格

公益財団法人社会福祉振興・試験センター調べ（2012年11月1日現在）

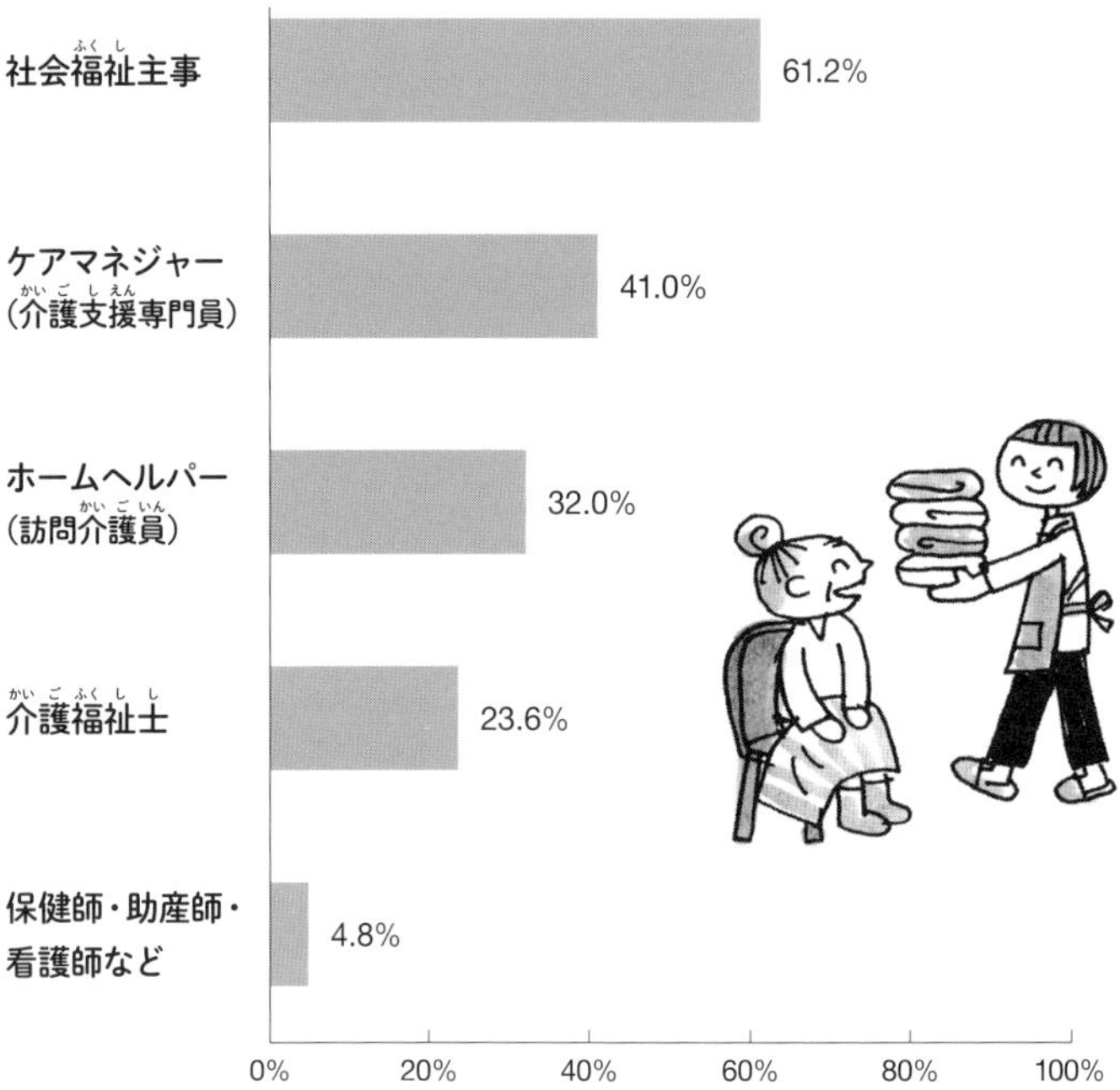

社会福祉《ふくし》主事
61.2%
ケアマネジャー（介護支援《かいごしえん》専門員）
41.0%
ホームヘルパー（訪問介護員《かいごいん》）
32.0%
介護福祉士《かいごふくしし》
23.6%
保健師・助産師・看護師など
4.8%
0%
20%
40%
60%
80%
100%

関連する分野の資格取得や研修によってスキルを高めます

社会福祉士《しゃかいふくしし》が働く場所は、介護《かいご》や医療《いりょう》など多様な分野があります。かかわりたい分野があるなら、関連する資格をとっておくと、就職時やキャリアアップに役立ちます。

社会福祉士《しゃかいふくしし》と精神保健福祉士《せいしんほけんふくしし》は、必要な専門科目を修めていれば、同時に資格取得が可能です。介護《かいご》分野をめざすなら、介護《かいご》福祉士《ふくしし》やケアマネジャーの資格もとるとよいでしょう。また、福祉《ふくし》相談に応じるなかで法律の知識が必要だと感じて、行政書士の資格をとる人もいます。

専門性やスキルを高めるために、日本社会《しゃかい》福祉士会《ふくししかい》が用意する研修プログラムなどを受講する方法もあります。

認定《にんてい》社会福祉士《しゃかいふくしし》認証《にんしょう》・認定《にんてい》機構の認定《にんてい》社会福祉士《しゃかいふくしし》制度

認定《にんてい》上級社会福祉士《しゃかいふくしし》

認定《にんてい》上級社会福祉士《しゃかいふくしし》になるには…

- 認定社会福祉士《にんていしゃかいふくしし》として5年以上の相談援助《えんじょ》実務経験
- 認められた機関での研修の受講
- 学会発表などの実績
- 試験への合格　　など

認定社会福祉士《にんていしゃかいふくしし》

認定《にんてい》社会福祉士《しゃかいふくしし》になるには…

- 社会福祉士《しゃかいふくしし》として5年以上の相談援助《えんじょ》実務経験
- 認められた機関での研修の受講　　など

社会福祉士《しゃかいふくしし》

認定《にんてい》社会福祉士《しゃかいふくしし》制度を利用して、ステップアップする人も

社会福祉士《しゃかいふくしし》としての経験を積み、「認定社《にんていしゃ》会福祉士《かいふくしし》」や「認定《にんてい》上級社会福祉士《しゃかいふくしし》」の資格を目指す人もいます。

認定社会福祉士《にんていしゃかいふくしし》になるには、社会福祉士《しゃかいふくしし》として5年以上の相談援助《えんじょ》実務経験と、所定の研修を修了《しゅうりょう》することが必要です。この資格は、高齢《こうれい》分野、医療《いりょう》分野などの分野ごとに認定《にんてい》されます。各分野の専門的な支援《しえん》方法や制度をくわしく知っていて、複雑なケースに対応したり、職場のリーダーとしての役割を果たしたりすることができる人です。

認定《にんてい》上級社会福祉士《しゃかいふくしし》は、認定社会福祉士《にんていしゃかいふくしし》のさらに上の資格です。認定社会福祉士《にんていしゃかいふくしし》として5年以上の相談援助《えんじょ》実務経験に加え、研修や論文発表、試験を経て取得します。所属組織での業務のほかに、地域でも活動し、新しいしくみやサービスの開発、社会福《しゃかいふく》祉士《しし》の人材育成などにたずさわります。

収入はどのくらい？　就職はしやすいの？

年収を比べてみると…

職種別平均収入

歯科医師
社会福祉士《しゃかいふくしし》
臨床検査技師《りんしょうけんさぎし》
作業療法士《さぎょうりょうほうし》
獣医師《じゅういし》
精神保健福祉士《せいしんほけんふくしし》
介護福祉士《かいごふくしし》
保育士
看護師
300万～
500万円

収入は平均的。経験年数を重ねるにつれて給与《きゅうよ》もアップ

平均的といえる年収です。正規職員だと20代で３００万円弱、30代で３５０～４００万円、50代で４５０～５００万円というように、経験年数を重ねるほど、給与《きゅうよ》も上がっていく傾向《けいこう》が見られます。

職場によっては、資格手当などもつきます。資格手当は、月に1万円程度のところが多いようです。

２０１２年度の調査では、男性のほうが女性よりやや給与が高いという結果が出ています。また、社会福祉士《しゃかいふくしし》は行政機関などで公務員として働く職場があることや、正規職員が多いことから、介護福祉士《かいごふくしし》より年収が高い傾向《けいこう》が見られました。

就職のしやすさを比べてみると…

職業別有効求人倍率　厚生労働省「職業別一般職業紹介状況（平成28年5月分）」（2016年）より

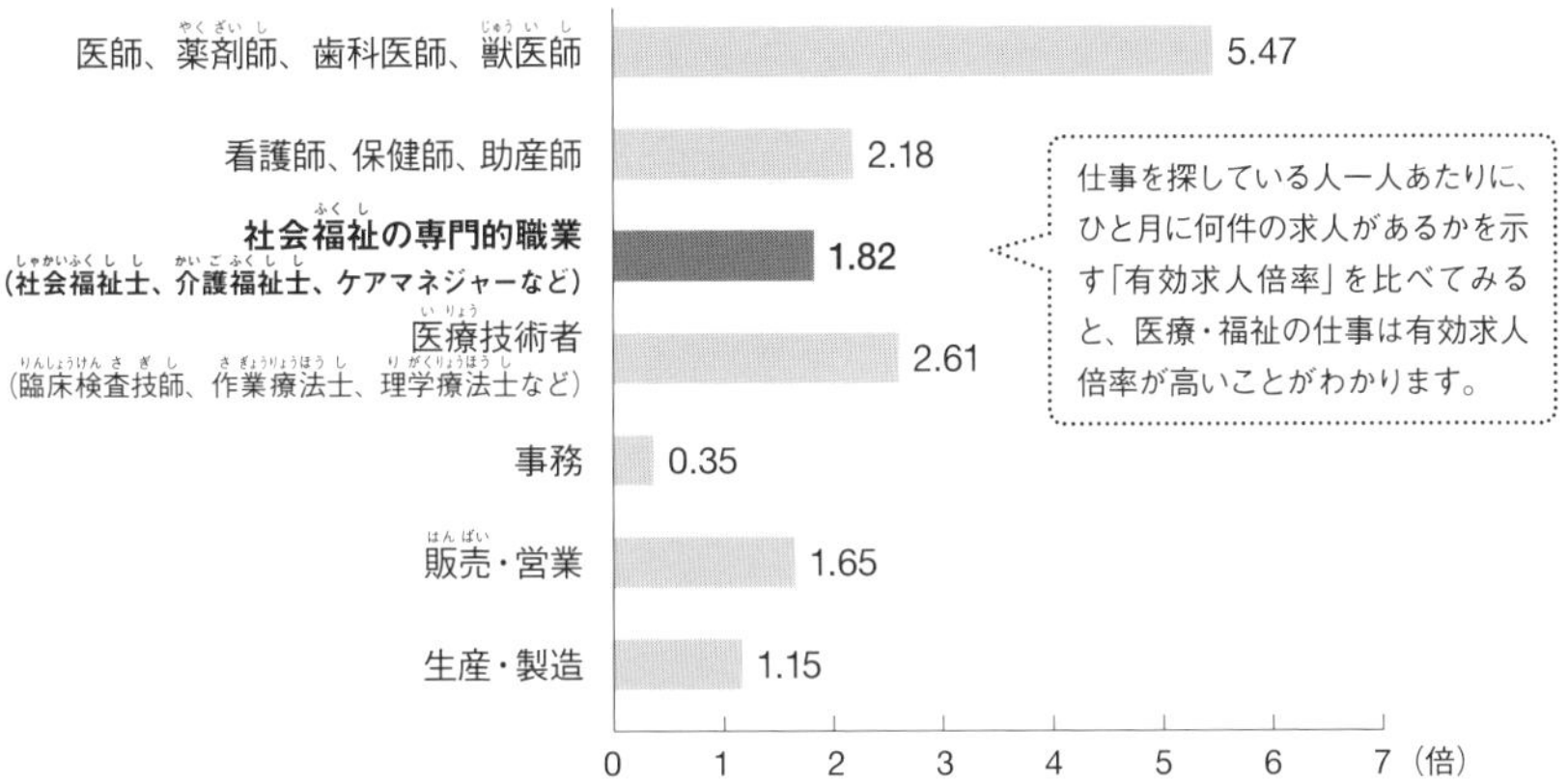

医師、薬剤師《やくざいし》、歯科医師、獣医師《じゅういし》 5.47
看護師、保健師、助産師 2.18
社会福祉《ふくし》の専門的職業
（社会福祉士《しゃかいふくしし》、介護福祉士《かいごふくしし》、ケアマネジャーなど） 1.82
医療《いりょう》技術者
（臨床検査技師《りんしょうけんさぎし》、作業療法士《さぎょうりょうほうし》、理学療法士《りがくりょうほうし》など） 2.61
事務 0.35
販売《はんばい》・営業 1.65
生産・製造 1.15
0 1 2 3 4 5 6 7（倍）
仕事を探している人一人あたりに、ひと月に何件の求人があるかを示す「有効求人倍率」を比べてみると、医療・福祉の仕事は有効求人倍率が高いことがわかります。

雇用《こよう》形態別の割合

非正規職員（常勤）7.4%
正規職員　84.2%
その他
0.6%
非正規職員（パート）7.8%

公益財団法人社会福祉振興・試験センター調べ（2012年11月1日現在）

働く場に困らず、今後も求められる職種です

社会福祉士《しゃかいふくしし》の職場は、地域包括支援《ほうかつしえん》センターをふくむ高齢者福祉《こうれいしゃふくし》関係のさまざまな機関・施設《しせつ》から、障がい者福祉施設《ふくししせつ》、社会福《ふく》祉協議会、医療《いりょう》機関、民間の介護《かいご》保険サービス事業所、教育機関や司法機関まで幅広《はばひろ》く、活躍《かつやく》の場はますます広がっています。就職に困ることはあまりなさそうです。

雇用《こよう》形態（働き方）を見てみると、ほとんどの人が正規職員として採用されています。同じ職場に10年以上勤める人も比較的《ひかくてき》多く、安定した働き方ができるといえます。

また少子高齢化《こうれいか》が進んでいるほか、貧困、ひきこもり、虐待《ぎゃくたい》、不登校など、本人だけでは解決できない問題が多様化、複雑化しているため、社会福祉士《しゃかいふくしし》に相談援助《えんじょ》を求める場面が増えています。社会福祉《ふくし》の世界で中心的な役割を果たす職業だけに、今後も必要とされ続けるでしょう。

社会福祉士《しゃかいふくしし》の間で今、問題になっていることは？

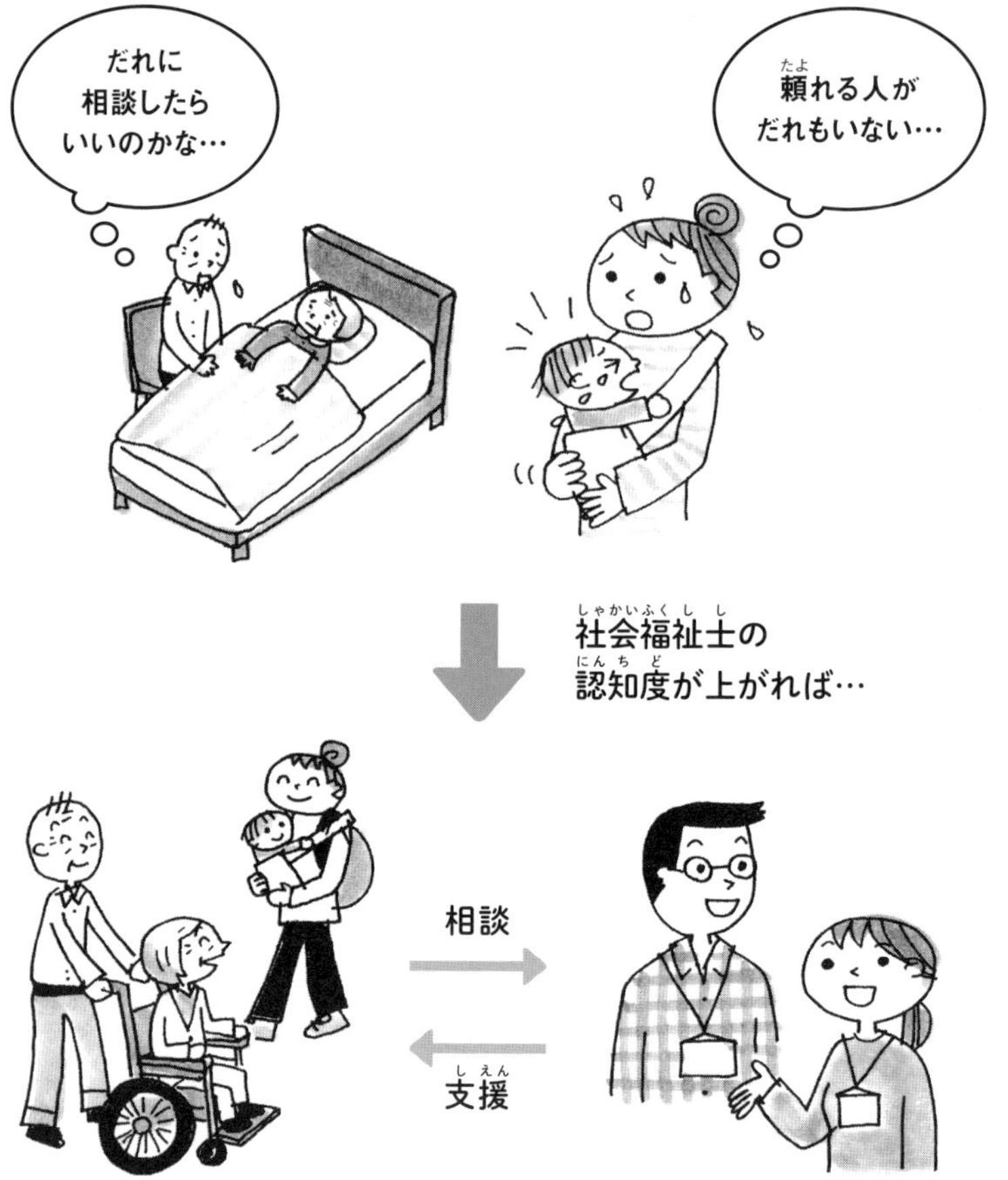

社会福祉士《しゃかいふくしし》の存在と役割をもっと知ってもらうことが必要

社会福祉士《しゃかいふくしし》は、生活に困っている人たちの相談に応じて、その人たちといっしょに解決策を考え、実行します。こうした仕事は、人を直接ケアしたり、ものをつくったりする仕事と比べ、目に見えづらく、一般《いっぱん》の人びとには伝わりにくい面があります。そのため、残念なことに、社会福祉士《しゃかいふくしし》の認知度《にんちど》は決して高くないのが現状です。

社会とのつながりがうまくもてず、生活しづらく感じている人はたくさんいますが、その人たちの多くは、どこでだれに相談すればよいかを知りません。社会福祉士《しゃかいふくしし》の存在と役割をもっと広く知ってもらうことが、今後の大きな課題の一つといえるでしょう。

執筆協力：公益社団法人日本社会福祉士会事務局長 小笹友彦

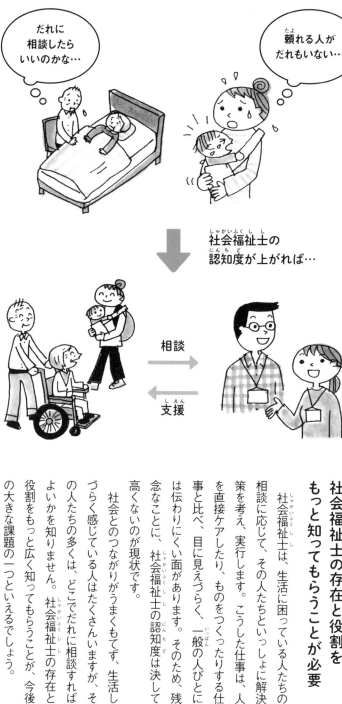

？ これから10年後、どんなふうになる？

身近な社会福祉士《しゃかいふくしし》に
いつでも相談できる

↓

安心して生活を送れる
社会が実現！

身近なところに必ずいて、だれもが相談できる存在に

社会福祉士《しゃかいふくしし》が活躍《かつやく》する領域は広がっています。社会福祉施設《ふくししせつ》や病院、市区町村の相談所はもちろんのこと、小学校や中学校、刑《けい》務所《むしょ》などにも、社会福祉士《しゃかいふくしし》の配置が進んでいます。このように、さまざまな場所に社会福《しゃかいふく》祉士《しし》が求められるようになっているのは、社《しゃ》会福祉士《かいふくしし》の仕事が理解されつつあるからだといえるでしょう。

10年後には、生活の身近なところに必ず社会福祉士《しゃかいふくしし》がいて、だれもがかかりつけのような社会福祉士《しゃかいふくしし》をもつようになっているかもしれません。いつでも困りごとを相談できる社会福祉士《しゃかいふくしし》がいることで、安心して生活を送れる社会が実現するのではないでしょうか。

執筆協力：公益社団法人日本社会福祉士会事務局長 小笹友彦

社会福祉士《しゃかいふくしし》の職場体験って、できるの？

社会福祉士《しゃかいふくしし》の話を聞ける可能性がある職場

介護施設《かいごしせつ》や病院などの職場体験で社会福祉士《しゃかいふくしし》に会える可能性も

社会福祉士《しゃかいふくしし》の仕事は、困りごとをかかえる相談者への対応が中心です。専門的な知識と技術が必要なうえに、相談者のプライバシーにかかわる内容も多いため、中学生が職場体験で実際の仕事を体験させてもらうことは難しいでしょう。

ただ、介護施設《かいごしせつ》や病院、市役所・区役所などは、職場体験を受け入れているところも多くあるので、これらの施設《しせつ》に社会福祉士《しゃかいふくしし》がいれば、実際に社会福祉士《しゃかいふくしし》が働く姿を見たり、話を聞いたりすることができるかもしれません。職場体験で訪問する施設《しせつ》に社会福祉士《しゃかいふくしし》が働いているかどうか、事前に学校の先生を通して確認《かくにん》するとよいでしょう。

福祉施設《ふくししせつ》での
ボランティア活動に参加

介護施設《かいごしせつ》や障がい者施設《しせつ》で、利用者さんと交流したり、移動や食事など生活上の手伝いをしたりするボランティアが一般的《いっぱんてき》です。

社会福祉士会《しゃかいふくししかい》が行う
イベントに参加

イベントの内容は、福祉《ふくし》や障がいについての講演会やトークショーが中心。社会福祉士《しゃかいふくしし》の仕事について話が聞けることも。

ソーシャルワーカーデーって何?

相談援助《えんじょ》の仕事を行うソーシャルワーカーについて広く知ってもらうため、2009年に、7月の第3月曜日の「海の日」が「ソーシャルワーカーデー」に定められました。 この日の前後には、各地の社会福祉士会《しゃかいふくししかい》が中心となって、さまざまなイベントが行われます。

7月
海の日

福祉施設《ふくししせつ》のボランティアや社会福祉士会《しゃかいふくししかい》のイベントに参加

学校の職場体験以外にも、個人で福祉施《ふくしし》設《せつ》などのボランティアに参加すると、そこで社会福祉士《しゃかいふくしし》が働いている可能性は大いにあります。地域の社会福祉《ふくし》協議会が、ボランティア活動に関する相談や、活動先の紹介《しょうかい》を行っているので、問い合わせてみるとよいでしょう。社会福祉《ふくし》協議会も、社会福祉士《しゃかいふくしし》の職場の一つですから、社会福祉士《しゃかいふくしし》とかかわるチャンスにもなります。

また、毎年7月の「ソーシャルワーカーデー」前後に、社会福祉士会《しゃかいふくししかい》や関連団体が行うイベントに参加するのもよいでしょう。社《しゃ》会福祉士会《かいふくししかい》とは、社会福祉士《しゃかいふくしし》がそれぞれの専門的スキルをみがき、質の高い福祉《ふくし》サービスを提供できるように、研修などを行っている団体です。イベントでは、社会福祉士《しゃかいふくしし》の仕事を紹介《しょうかい》するコーナーや質疑応答の場が設けられていることもあります。

索引

あ

か

さ

●取材協力（掲載順・敬称略）
社会福祉法人東京蒼生会 ゆうあいらんど・さの／足立区地域包括支援センターさの
社会福祉法人立川市社会福祉協議会
社会福祉法人全国社会福祉協議会
公立豊岡病院組合立朝来医療センター
神奈川県教育委員会／横須賀市教育委員会／鎌倉市教育委員会
社会福祉法人進和学園 サンシティひらつか
札幌刑務所 札幌刑務支所
社会福祉士事務所 スペース・輪／NPO法人ソーシャルネット南のかぜ
石巻市渡波地域包括支援センター
学校法人日本社会事業大学
公益社団法人日本社会福祉士会

●アンケート調査協力校（50音順）
学校法人啓明学院 啓明学院中学校
学校法人玉川聖学院 玉川聖学院中等部
学校法人調布学園 田園調布学園中等部・高等部
豊中市立第一中学校
長野県諏訪清陵高等学校附属中学校
学校法人日出学園 日出中学校・高等学校

編著／WILL《ウィル》こども知育研究所《ちいくけんきゅうじょ》

幼児・児童向けの知育教材・書籍の企画・開発・編集を行う。2002年よりアフガニスタン難民の教育支援活動に参加、2011年3月11日の東日本大震災後は、被災保育所の支援活動を継続的に行っている。主な編著に『レインボーことば絵じてん』、『絵で見てわかる はじめての古典』全10巻、『せんそうって なんだったの？ 第2期』全12巻（いずれも学研）、『はじめよう！ 楽しい食育』全7巻、『見たい 聞きたい 恥ずかしくない！ 性の本』全5巻、『おもしろ漢字塾』全4巻、『ビジュアル食べもの大図鑑』（いずれも金の星社）など。

医療《いりょう》・福祉《ふくし》の仕事《しごと》 見《み》る知《し》るシリーズ
社会福祉士《しゃかいふくしし》の一日《いちにち》

2016年9月10日発行　第1版第1刷©

編　著　WILL《ウィル》こども知育研究所《ちいくけんきゅうじょ》
発行者　長谷川 素美
発行所　株式会社保育社
〒532-0003
大阪市淀川区宮原３－４－30
ニッセイ新大阪ビル16F
TEL 06-6398-5151
FAX 06-6398-5157
http://www.hoikusha.co.jp/
企画制作　株式会社メディカ出版
TEL 06-6398-5048（編集）
http://www.medica.co.jp/
編集担当　高野有子／北川晶子
編集協力　株式会社ウィル
執筆協力　小川由希子／ささきあり
装　幀　大藪胤美（フレーズ）
写　真　田辺エリ
本文イラスト　河合美波
印刷・製本　図書印刷株式会社

ISBN978-4-586-08555-2　Printed and bound in Japan

○○病院
管理栄養士
社会福祉士
歯科医師
医師
看護師
作業療法士
診療放射線技師
臨床検査技師
薬剤師
理学療法士
養護教諭（保健室の先生）
○○薬局
くすり
薬剤師
○○小学校
医師
社会福祉士
看護師
作業療法士
管理栄養士
デイサービス
理学療法士
介護福祉士